KB237236

더⁺ 시너지

THe SYNERGY

유길문 지음

가림출판사

피터 드러커와 같은 위대한
CEO 멘토가 되기를 기대하면서

5년 전 유길문 박사를 만나게 된 계기가 '인간개발'에 대한 공통적인 관심 때문이었다. 그동안 경영학 박사학위까지 획득하면서 카네기 강사, 성공하는 사람들의 7가지 습관 퍼실리테이터(7habits Facilitator), NLP 마스터 프랙티셔너(Master Practitioner), 점프 매니저의 전문가 과정을 마스터하고 '리더스클럽' 독서토론 모임을 13년이라는 적지않은 시간을 투자하여 이끌어오고 있다. 그러면서 많은 기업가와 CEO들을 돕는 시너지 멘토 역할을 열정적으로 수행하고 있는 분이기도 하다.

특히 이번에 출간되는 책은 그동안 유길문 박사가 자신의 내면에 무한하게 잠재한 인간 가능성에 23년이란 긴 시간 동안 끊임없이 도전하면서 쌓아온 남다른 경험과 지식을 함축해 놓은 특별한 의미를 지닌 작품이다.

더구나 요즘처럼 급변하는 경영세계에서 내재적 경쟁력의 근원이 되는 시너지를 북돋는 변화와 혁신은 필수불가결하다. 이렇게 시대가 절실하게 요구하고 있는 융합, 소통, 하모니(마스터마인드), 감사(service)를 비빔밥 시너지(봄), 삼겹살 시너지(여름), 한정식 시너지(가을), 시루떡 시너지(겨울)로 1년 사계절에 비유하여 흥미진진하게 읽고 싶은 독서욕까지 불러일으키고 있다.

앞으로 필자가 기업가와 CEO 등을 비롯한 리더들을 존중하고 사랑하며 그들의 내면적 경쟁력이 되는 시너지를 강화해주기 위해서 서번트 리더십으로 섬기며 경청하는 자세로 이 책이 담아낸 콘텐츠를 몸소 실천하는 모습으로 반짝반짝 빛나게 할 것이라고 기대한다.

인간개발연구원 장만기 회장

시너지를 생각하니 **마음이 풍요로워진다**
이젠, **시너지**다

대학 때부터 지금까지 23년 동안 나는 항상 이런 생각을 해왔다.

'어떻게 하면 다른 사람들의 삶에 가치를 보탤 수 있을까?'

'어떻게 하면 다른 사람들의 꿈과 비전을 성취하는데 도움을 줄 수 있을까?'

그러다보니 다른 사람의 꿈과 비전에 관심이 많았다.

사람들의 비전을 들어주고 성취하는데 도움을 주려면 체계적인 공부가 필요하다고 생각했다. 그래서 23년 동안 많은 공부를 했다. 몇 년 전부터는 많은 CEO와 리더들을 대상으로 강의를 통한 만남을 갖게 되면서 진정 내가 잘할 수 있는 것이 무엇인지를 깨닫게 되었다.

'나는 누구인가?'

'내가 정말로 좋아하고 잘하는 일이 무엇인가?'

'나는 어떤 사명을 가지고 있고 어떤 비전이 있는가?'

몇 년 동안 끊임없이 스스로 묻고 대답하기를 거듭해왔다.

그러면서 '나는 시너지 코치가 되고 싶다'라는 결론을 얻었다. 내가 스스로 정의할 수 있어서 행복했다. 이것이 바로 이 책을 쓴 이유이다. 그동안 가장 많이 연구하고 마음을 사로잡은 단어가 '시너지'였다. '나는 시너지 코치다. 사람들에게 시너지를 내도록 도움을 주는 코치가 되는 거야'라고 생각하니 뛸 듯이 기뻤다. 그러면서 어떻게 하면 시너지를 내는데 도움을 줄 수 있을까를 연구하기 시작했다.

이 책의 콘셉트는 점프이다.

이 책의 메시지는 '이젠, 시너지다'이다. 시너지가 점프의 돌파구이자 블루오션이다. 시너지를 생각하고 시너지를 장착하면 한 단계 점프하게 된다. 시너지는 새로운 돌파구를 마련하는 것이다. 한 곳을 뚫어지게 응시하면 답이 보인다. 지금 하고 있는 일 속에서 새로운 돌파구를 마련하려면 시너지를 생각하라는 것이다. 물론 한 달, 일 년이 걸릴 수도 있다. 그러나 고민하고 생각을 많이 하는 만큼 값진 보석을 건질 수 있을 것이다.

● ●

이 책을 읽으면 시너지 하우(HOW)에 대한 해답을 발견할 수가 있다. CEO나 리더들이 시너지가 개인적으로든 기업을 경영하는데 있어서든 매우 중요하다는 것은 인식하고 있다. 하지만 시너지를 내는 방법에 대해서는 명쾌한 해법을 가지고 있지 못한 것이 사실이다. 나는 집중적으로 그 문제를 가지고 2008년부터 연구·분석을 해왔다. 어떻게 하면 시너지를 낼수 있을지를 계속 고민한 것이다. 그래서 몇 가지 해답을 찾았다.

시너지를 내려면 섞어야 한다는 것이다. 무엇인가를 섞지 않고 이루어질 수 없다. 더하고 합쳐진 뒤에는 먼저 다가서야 한다. 내가 먼저 다가서고 먼저 말을 걸어야 시너지가 난다. 먼저 다가서고 말을 걸면서 항상 유념해야 될 것이 어울리는 것이다. 튀는 것이 아니라 같이 어울려서 가치를 창출할 수 있어야 한다. 그래야 더 큰 시너지를 낼 수 있다.

이 책은 CEO와 리더들을 위한 책이다. 아울러 현재 하고 있는 일에서 한 단계 점프를 원하는 모든 분들을 위한 책이다. 지금 하고 있는 일을 계속 똑같은 방식으로 진행한다면 결과는 똑같이 나올 것이다. 다른 결과를 원한다면 새로운 방식을 시도해야 한다. 새로운 방식이라는 것이 거창한 것이 아니다. 없던 것을 창조하자는 것도 아니다. 기존에 있는 것이지만 새롭게 인식하고 나의 것으로 체화시킬 수 있다면 시너지 대상이 될 수 있다.

이 책을 잘 활용할 수 있는 방법은 한 가지이다. 오늘부터 '시너지'라는 한 단어만 계속 생각하는 것이다. 스스로에게 질문을 한번 해보자. '어떻게 하면 시너지를 낼 수 있을까?' 우리가 가지고 있는 자원은 무궁무진하다. 당신이 가진 자원을 생각하고 신념을 생각하고 비전을 생각하면서 '어떻게 하면 시너지를 낼 수 있을까'를 몰입한다면 놀라운 경험을 할 수 있게 될 것이다.

경영학 박사과정을 공부하면서 '시너지'라는 단어가 나의 뇌리에 각인이 되었을 때 기분이 매우 좋았다. 그때부터 결심했다. '시너지를 내는 사람이 되겠다. 나는 시너지를 만드는 사람이 되겠다'고 생각했다. 그러면서 많은 사람들에게 도움을 주고 싶었다. 나를 만나는 누군가가 시너지를 내도록 도움을 주고 싶었다. 요즘은 오직 시너지만을 생각한다. 그러면서 얻은 소득이 있다. 삶이 아주 풍요로워졌다.

시너지를 생각하면서 음식을 연구하기 시작했고 시낭송을 하기 시작했고 책을 더 정독하기 시작했다. 그리고 책을 저술하게 되었다. 시너지를 생각하면서 융합과 소통을 연구하기 시작했고 자연을 들여다보기 시작했다. 시너지를 연구하면서 얻은 유익이자 즐거움이다. 이제는 시너지에 대해서 확신을 가지고 말하고 싶다. 시너지 하우에 대해서 CEO나 리더들과 공유하고 싶다. 많은 사람들 앞에서 '시너지를 내는 사람이 되라'라는 특강을 하고 싶은 충동이 생겼다.

시너지라는 영감을 나에게 안겨준 책이 좋다. 1990년부터 조금씩 읽기 시작한 책들이 너무 좋다. 2002년부터 '리더스클럽'이라는 독서토론 모임을 이끌면서 책에 미치도록 몰입을 했다. 그때부터 읽었던 방대한 책들이 나에게는 보물이다. 시너지는 경영의 해법이다. 시너지는 우리가 새로운 것을 추구할 때 점프의 돌파구가 되어줄 것이다. 2003년부터 나로 하여금 코칭을 하고 강의를 할 수 있도록 도움을 주고 기회를 준 모든 CEO와 리더들에게 감사의 마음을 전한다. 특히 리더스클럽과 카네기클럽의 모든 분들에게 진심으로 감사의 말을 전하고 싶다.

시너지는 한마디로 개인이나 기업에 있어서나 핵심이다.
왜냐하면, 시너지는 나를 찾아 떠나는 여행이기 때문이다.
시너지는 새로운 문화이기 때문이다.
시너지는 트렌드이기 때문이다.
시너지는 경영 성과를 내는 것이기 때문이다.
시너지는 현재의 삶에서 한 단계 점프하는 것이기 때문이다.
시너지를 내려면 어떻게 해야 할까?
시너지를 내려면 섞고 다가서고 어울릴 수 있어야 한다.
그리고 감사의 마음을 가져야 한다.

지금부터 유길문 시너지 코치와 함께 시너지를 찾아 떠나는 여행을 해보자!

CONTENTS

PART 1
봄

비빔밥 시너지
융합(Convergence) 시너지 연금술사, 융합

CONTENTS

PART 3
가을

PART 4
겨울

시루떡 시너지
사람의 마음을 움직이는 시너지, 감사 감사(Service)

S … Simple

Y … Yes mind

N … New

E … Energy

R … Reading

G … Growth

Y … You

SYNERGY라는 단어에는 시너지를 내기 위한 7가지 법칙이 모두 담겨 있다.

첫째, 시너지를 내기 위해서는 단순(simple)해야 한다. 복잡한 것은 싫어한다. 그러려면 명쾌하고 짧아야 한다. 명쾌하고 짧기 위해서는 단순화할 수 있어야 한다. 머릿속이 복잡하면 안 된다. 두 가지를 한꺼번에 생각하면 집중이 잘 되지 않고 힘이 분산된다. 한 가지를 생각해야 한다. 한 가지를 선택하여 집중·몰입할 때 시너지가 난다. 오늘 하루 단순함의 미학을 머릿속에 주입시키자.

둘째, 시너지를 내기 위해서는 항상 긍정적인 정신자세(yes mind)가 중요하다. 선택은 자신이 한다. 모든 상황을 바라볼 때 부정적으로 볼 것인지 긍정적으로 볼 것인지는 자신이 선택하는 것이다. 항상 긍정적인 시각으로 사물을 바라보는 연습을 하자.

셋째, 시너지를 내기 위해서는 새로운(new) 시각으로 바라볼 수 있어야 한다. 모든 일을 호기심과 경외감을 가지고 대해야 한다. 호기심을 가질 때 모든 것이 더욱 새롭게 다가오기 마련이다.

넷째, 시너지를 내기 위해서는 항상 에너지(energy)가 넘쳐야 한다. 열정을 유지해야 한다는 것이다. 열정이 있는 사람과 열정이 없는 사람의 차이는 무엇일까? 그리고 어떤 사람과 이야기를 더 하고 싶어할까? 열정은 시너지를 내기 위해서 절대로 필요한 요소이다. 항상 열정적인 마인드를 유지하고 있어야 한다. 모든 성과와 직결되는 핵심 단어 중 하나가 열정적인 에너지이다.

다섯째, 시너지를 내기 위해서는 독서(reading)를 생활화해야 한다. 독서는 삶의 생수와 같은 역할을 한다. 독서는 삶을 윤택하게 한다. 책을 만나게 되면 기쁨이 두 배가 된다. 책에는 한 사람의 인생이 담겨 있다. 수없이 많은 책을 통해 다양한 삶의 경험과 지혜를 간접적으로 접할 수가 있다. 이 얼마나 값진 일인가?

여섯째, 시너지를 내기 위해서는 항상 성장(growth)에 초점을 맞추어야 한다. 내가 성장한다는 것은 어떤 의미일까? 신체적 · 정신적 · 영적 · 사회적 · 감정적인 분야 모두를 포괄할 수 있게 된다는 것이다. 스스로 변화하고 성장하기 위한 노력을 게을리하지 않는다면 조금씩 성장하는 기쁨을 맛볼 수 있을 것이다.

일곱째, 시너지를 내기 위해서는 상대방(you)에게 초점을 맞추어야 한다. 우리는 사람들과의 관계 속에서 생활을 한다. 자신에게만 초점을 맞출 것이 아니라 상대방을 배려하고 상대방을 위해서 공헌하고 헌신하는 삶이어야 더욱 빛날 수 있다. 가치는 같이 있을 때 더욱 빛난다고 하지 않던가? 상대방을 위해서 할 수 있는 일은 무척 많다. 거창한 것이 아니어도, 작은 것이여도 상대방을 위해서 얼마든지 공헌을 할 수가 있는 것이다.

시너지를 내기 위한
3가지 전제 조건

일반적으로 시너지라는 단어를 경영 분야에서 많이 사용한다. 시너지를 내는 일은 얼마나 멋진 일인가? 시너지 효과가 난다는 말은 얼마나 긍정적인 말인가? 시너지는 성과를 내는 것이다. 시너지는 둘이 만나서 셋 이상이 되는 것이다. 시너지를 오랫동안 들여다보니 어느 순간 시너지를 분해할 수 있는 힘이 생겼다. 물론 이것이 시너지를 분해한 최고의 공식은 아닐런지도 모른다. 그러나 시너지를 분해하고 합성했을 때 쾌감을 느낄 수가 있다. 시너지는 자세히 들여다보면 시와 너와 지의 합성어라고 할 수 있다.

'시너지 = 詩 + you + 지'

시너지를 내기 위한 전제 조건이라고 했지만 위의 3가지는 시너지 파워를 내기 위한 3가지 비밀이다

첫 번째 시너지의 '시'는 시(詩)를 가리킨다.

시너지를 내려면 감수성이 풍부해야 하고 사람들과 친밀감을 형성할 수 있어야 한다. 시는 우리에게 새로운 감성을 소유하게 한다. 또한 우리들의 메마른 정서에 단비와 같은 역할을 한다.

시는 문학의 정수로 정제된 언어이다. 시를 통해서 감성으로 중무장할 수 있다. 많은 시를 완벽하게 소화할 필요는 없다. 자신에게 필요한 시는 한 가지만으로 충분하다. 시는 마음을 풍요롭게 한다. 힘을 주고 에너지를 줄 수 있는 한 편의 시가 나를 춤추게 할 수 있다. 오늘 시집을 한번 들추어보자. 자신에게 와 닿는 힘을 주는 시를 선택하여 큰소리로 낭송해보자. 시를 보는데서 그치지 않고 외우게 되면 그 효과는 배가 될 수 있다.

자신에게 딱 맞는 시 한 편이 시너지를 내도록 이끌어주기도 한다.

두 번째 시너지의 '너'는 사람을 가리킨다. 한 사람이면 된다. 나를 위로해줄 수 있고 이야기를 들어줄 사람이면 족하다. 멘토라면 더욱 좋다. 인생의 방향을 조언해주고 인생의 등대가 되어줄 사람이면 좋다. 그 사람이 엄청난 성공을 거둔 사람이어도 좋고 평범한 사람이어도 좋다. 나에게 긍정적인 피드백을 해줄 수 있는 사람이면 충분하

다. 언제든지 편하게 전화할 수 있고 만남을 가질 수 있는 사람이면 더욱 좋다. 살다보면 힘들 때도 있다. 힘들 때 마음 편하게 같이 식사도 할 수 있고 차 한 잔 마시면서 내면의 이야기를 꺼내 놓을 수 있는 사람이면 충분하다. 지금 한번 주위를 둘러보자. 나에게는 누가 있는가? 내 옆에는 누가 있는가? 나의 멘토는 누구인가? 너무 멀리서 찾을 필요도 없다. 직장 안에서 지역 안에서 찾아도 된다. 내 이야기에 충분히 공감해줄 사람이 필요한 것이다.

유일한 단 한 사람이 내 안의 시너지 효과를 몇 배로 끌어올릴지는 어느 누구도 예단할 수 없기 때문이다.

세 번째 시너지의 '지'는 책을 말한다. 우리가 지식을 습득하고 지혜를 완성하는 비결은 여러 가지가 있지만 책도 그중의 한 방법에 속한다. 책 속에 풍덩 빠져 보는 것이다. 책을 통해서 책의 에센스를 통해서 지식과 지혜의 지평을 넓혀 보자. 아파트의 평수를 늘리는 것도 중요하지만 마음의 양식의 보고를 넓히는 것도 무척 중요하다.

책은 내가 손만 내밀면 지천에 널려 있다. 지천에 널려 있는 보물을 내 것으로 만드는 작업을 게을리 해서는 안 된다. 부지런히 보물을 캐내는 작업을 해야 한다. 어떤 책이 나에게 보석이 되고 보물이 될지 모른다. 쉼 없이 책을 대면하고 소통을 시도하면 분명 멋진 만남이 이루어진다.

시너지를 내기 위한 지혜가 책 속에 숨어 있는지도 모른다. 그 무엇을 만드는 작업을 끊임없이 해야 한다. 책은 우리에게 지식을 주고 지혜를 주면서 통찰력과 영감을 준다. 때에 따라서는 기막힌 아이디어를 제공하기도 한다. 순간순간 떠오르는 책 속의 울림이나 떨림을 기록해야 한다. 진정으로 시너지를 내고 싶은 것이 무엇인지를 명확히 해야 한다. 시너지를 내기 위한 대상이 명확하면 책이 당신을 위해 춤출 수가 있다. 책이 당신을 위해서 기쁨을 선사할 수가 있다.

단 한 권 그 책을 만나는 작업을 해보자. 한 권의 책이 당신 삶의 이정표와 전환점이 될 수도 있을 것이다.

시너지를 내기 위해서 시를 한 편 만나보자.
시너지를 내기 위해서 멘토를 한 분 정해보자.
시너지를 내기 위해서 책을 한 권 통달해보자.

한 편의 시가 새로운 전환점이 될 수 있다.
한 분의 멘토가 열정과 에너지를 제공할 수가 있다.
한 권의 책이 기막힌 아이디어를 줄 수가 있다.
오늘부터 시너지를 생각하자.
오늘부터 매순간 시너지를 내기 위한 방법을 생각해보자.
지금 당장 내가 할 수 있는 것은 무엇인가를 생각해보자.
시너지 파워를 내기 위한 비결이 멀리 있지 않다.
시너지라는 단어 속에 모두 포함되어 있다.

오늘부터 행동으로 옮겨보자. 시너지를 너무 거창하게 생각하지
말고 시와 사람과 책을 찾는 작업으로부터 시작해보자.

시 속에 푹 빠져 감성적인 마음을 키우고 기쁨을 주고 유익을 줄 수
있는 사람을 만나 격의 없는 소통을 하고 책에 푹 빠져 흔들리는 마
음에 에너지와 열정을 심어주자.

시너지의 열쇠는
훈민정음을 보면 알 수 있다

소리란 '하늘과 땅이 화합해 조화가 유통하매 사람이 생기고, 음과 양
이 서로 만나 기운이 맞닿으매' 생겨난다. 이러한 원리 속에서 나온 글
자는 의미의 표현이 아니라 소리의 구현이 된다. 따라서 훈민정음이
뜻글자가 아니라 자연 만물의 이치를 담은 소리 글자로 탄생하게 된
것이다.

《동국정운》 서문, 신숙주

이것은 한자문화권에 속한 당시 조선으로서는 이변이 아닐 수 없다. 세
종은 하층 민중을 문자 사용의 주체로 파악했다. 그래서 '어리석은 사
람도 열흘 만에 배울 수 있고 스승이 없어도 스스로 깨닫게 되는 글자'
를 만든 것이다.

《훈민정음 해례본》 서문, 정인지

나랏말이 중국과 달라 한자와 서로 통하지 아니하므로 우매한 백성들이 말하고 싶은 것이 있어도 마침내 제 뜻을 잘 표현하지 못하는 사람이 많다. 내 이를 딱하게 여기어 여기에 새로 28자를 만들었으니, 사람들로 하여금 쉬 익히어 날마다 쓰는 데 편하게 할 뿐이다.

≪훈민정음≫ 서문, 세종

세종대왕이 창제한 훈민정음을 자세히 들여다보면 시너지의 비밀이 보인다. 훈민정음 속에 융합, 소통, 하모니, 감사의 해답이 모두 들어 있기 때문이다. 훈민정음을 관찰해보고 관심을 가져보면 시너지를 내기 위한 실마리를 발견할 수가 있다. 동국정운, 훈민정음 해례본, 훈민정음에 쓰여진 신숙주, 정인지, 세종의 상기 서문을 유심히 들여다보라. 자음과 모음의 기막힌 결합 속에서 융합의 시너지를 발견할 수가 있고 한자의 어려움을 직시해 우리나라 말을 만들어 백성과 통하려는 마음속에서 소통의 시너지를 발견할 수가 있다. 또 하늘과 땅, 음과 양의 아름다운 조화를 생각한 것을 보면서 하모니 시너지를 발견할 수가 있고, 백성의 고통과 어려움을 어루만지며 백성의 입장에서 소리를 만들었다는 것으로 볼 때 백성을 사랑하는, 백성을 배려하는 감사의 시너지를 적용하였다고 볼 수가 있다. 이리 보아도 저리 보아도 훈민정음은 최고의 시너지 작품이다. 시너지를 제대로 내려면 융합, 소통, 하모니, 감사가 중요한데 이 모든 조건이 다 적용된 산물이기 때문이다.

시너지는 자연, 식물, 동물의 신비 속에서 발견할 수도 있다.

내가 시너지 마인드를 가지려고 마음만 먹으면 도처에 시너지를 낼 수 있는 지혜를 발견하게 된다.

호박벌은 우리에게 생각만 할 것이 아니라 강력한 행동의 소중함을 알려준다. 콩나물은 우리에게 과유불급의 지혜를 알려준다. 많은 것을 한꺼번에 받아들이는 것이 아니라 조금씩 조금씩 내 것으로 만들어야 한다는 것이다. 대나무는 기다림의 미학을 선사한다. 조급함을 버리고 제대로 된 충분한 준비기간이 성장의 핵심 동인이라는 것을 알려준다. 코이 물고기는 어떠한가? 생각의 크기, 마음의 크기, 즉 그릇의 크기가 얼마나 소중한지를 알려주고 있다. 개미는 우리에게 목표와 꾸준함의 지혜를 알려준다. 우람한 도토리 및 상수리 나무를 보라! 어떻게 시너지 효과를 과소평가하고 예단할 수 있을까? 원효대사가 모든 것은 마음먹기에 달려있다고 하지 않았던가?

시너지를 생각하고 시너지의 힘을 믿고 움직이면 시너지 효과는 당신이 생각하는 것보다 당신이 바라보는 것보다 훨씬 더 커다란 선물을 안겨줄 것이다.

시너지는 사계절의 자연과 음식에 답이 있다

봄, 여름, 가을, 겨울의 사계절 속에서 모든 자연의 신비가 펼쳐진다.

봄에는 씨앗이 움트고 여름에는 무성해지며 가을에는 풍성해지고 겨울에는 쉼의 시간을 갖는다. 사람도 마찬가지다. 일 년의 농사는 봄에 시작한다. 열심히 뛰어다니면서 부지런히 씨앗을 뿌리는 작업을 해야 한다. 여름에는 뿌린 씨앗이 잘 자랄 수 있도록 거름도 주고 물도 주고 햇볕도 쏘이게 만들어야 한다. 가을에는 풍요를 즐기면서 만족하고 감사하는 마음을 지녀야 한다. 겨울에는 내년을 준비하며 휴식의 시간을 가져야 한다. 여행도 가고 산에도 가고 명상도 하면서 나를 다스리는 시간을 가져야 한다. 그래야 내년을 멋지게 보낼 수 있다. 자연도 사람도 시너지를 내려면 어느 한 계절에 치우치지 않고 조화를 이룰 수 있어야 한다. 자연과 사람 모두 어느 계절인들 소중하지 않겠는가?

지금은 모두들 100세 시대를 이야기한다. 25세까지가 봄이고 50세까지가 여름이고 75세까지가 가을이고 100세까지가 겨울로 비유할 수 있다. 꼭 이렇게 하지 않고 일 년 단위로 쪼개서 생각할 수도 있다. 일 년마다 봄, 여름, 가을, 겨울이 있으니 나누어서 생각할 수도 있다.

음식 속에 시너지의 답이 있다. 봄에는 봄나물이 우리를 유혹하고, 여름에는 각종 싱싱한 야채들이, 가을에는 풍성한 열매와 햅쌀밥이, 겨울에는 싱싱한 생선과 각종 회들이 우리를 미소짓게 한다.

우리가 사계절에 먹는 모든 음식을 들여다보라. 가만히 들여다보면 어느 것 한 가지만으로는 맛의 미학을 내지 못한다. 기막힌 섞임의 미학을 통해서 새로운 맛을 선사하는 것이다. 이렇듯 음식 속에 시너지의 비밀이 담겨 있다. 음식 속에 시너지 경영의 해법이 들어 있다. 우리가 사계절 동안 먹는 음식의 종류가 몇 가지나 될까? 모든 음식 하나하나가 융합의 산물이다. 우리 앞에 놓여 있는 모든 음식들이 시너지 작품이라고 할 수 있다.

고기와 고기가 만나고 고기와 야채가 만나기도 하고 고기와 빵이 만나기도 하고 고기와 수프가 만나기도 하고 고기와 밥이 만나기도 하고 고기와 물이 만나기도 한다. 각종 탕을 들여다보라. 탕에 들어가는 주재료와 부재료에 무엇이 있는가? 그리고 어떤 양념이 들어가는가? 집에서 하나의 밥상이 차려지기까지, 음식점에서 하나의 완제품이 만들어지기까지의 조합이 기막히지 않는가? 중요한 것은 어느 것 하나도 정중동을 지키지 않으면 안 된다는 점이다. 너무 많아도 너무 적어도 제대로 된 맛을 낼 수가 없다. 제대로 된 기막힌 맛을 내려면 내공이 있어야 한다. 한 분야의 한 가지 음식에 목숨을 걸 정도여야 한다. 몸과 마음과 영혼을 담아야 한다. 그래야 사람들이 열광한다. 그래야 사람들이 끊임없이 찾아오게 된다.

오늘부터 음식을 바라보는 눈을 달리해보자. 음식의 맛을 음미하면서 묵상을 한번 해보자. 이 음식이 만들어지기까지 어떤 과정을 거치고 얼마만큼의 정성이 들어갔는지, 그리고 어떻게 하면 이런 맛을 낼 수 있었을까를.

음식을 보면서 시너지를 생각하자. 새로운 음식을 먹을 때마다 시너지를 떠올려보자. 내가 지금 하고 있는 일과 비교해보자. 지금 내가 먹고 있는 음식이 이렇게 맛있는 비결이 무엇인지 분명하듯이 내가 하고 있는 일에서도 멋지게 맛지게 할 수 있는 시너지를 내는 비결이 무엇인지를 곰곰이 생각해보자. 십 년 정도 멈추지 않고 끊임없이 생각에 생각이 꼬리를 물면 하고 있는 일에서 멋진 아이디어와 성과를 창출할 수 있을 것 같다는 확신이 들지 않는가?

SYNERGY

PART 1

봄

비빔밥 시너지
융합(Convergence)

시너지 연금술사, 융합

융합 시너지의 극대화
전주한옥마을을 벤치마킹하라

2013년 5월 2일 매일경제신문에 게재된 '전주한옥마을이 성공한 비결'이 내 눈길을 사로잡았다.

'전주한옥마을이 성공한 비결이 뭘까' 나는 궁금증을 가지고 몇 번을 읽고 또 읽어 보았다.

지난해 500만 명 가까운 관광객이 전주한옥마을을 찾았다고 한다.

전주한옥마을은 문화와 관광이 만나 융합 시너지를 낸 대표적인 사례라고 할 수 있다. 고풍스러운 한옥이 몰려있는 이 한옥촌을 전주시는 전통문화를 느끼고 직접 체험할 수 있는 공간으로 바꿔놓음으로써 관광객의 발길이 끊이지 않고 있다.

이제는 관광의 패러다임을 바꿔야 한다. 기존과 똑같이 명소만을 보여주는 것으로는 한계가 있다. 차별화를 시도해야 한다. 관광객들이 전통 문화와 역사의 숨결을 느끼도록 도움을 주어야 한다. 살아있는 전통 문화에 숨결을 불어넣는 작업을 해야 한다. 그러기 위해서는 관광객들이 그냥 스치며 보고 지나가는 것이 아니라 직접 만지고 만들면서 느끼도록 해야 한다. 마음을 활짝 열고 오감을 작동할 수 있는 계기를 만들어 주어야 한다.

고풍스러운 한옥마을은 전통 문화의 산물이다. 전통 문화가 빛을 발하기 위해서는 역사와 문화가 절묘한 조합을 이룸과 동시에 사람들이 찾아주어야 한다. 사람들이 찾아오는 동안은 새로운 맛을 느끼게 해주어야 한다. 존재 그 자체가 상품이 되고 사람들을 유혹하는 것이다. 문화와 관광이 융합 시너지를 창출하고 있는 것이다. 사람들이 많이 몰리게 되면 인근 지역에 있는 사람들의 삶의 질이 달라진다. 쓰러져가는 오랜 전통의 빵집이 입소문을 타고 명소가 되어가고 있듯이 시너지의 힘은 강력함을 수반한다. 이렇듯 쓰러져가는 빵집을 살릴 수도 있고 피폐해져가는 도시에 활기를 불어넣어줄 수도 있다.

오늘부터 융합의 시너지 파워를 생각해보자.

우리 주위에 널려 있는 일 속에서 나의 삶 속에서 무엇을 융합할 것인지를 연구해보자. 조금 더 들여다보고 조금 더 관찰해보고 조금 더 관심을 가져보고 조금 더 만남을 갖고 관계를 하다 보면 분명 알게 될 것이다. 융합의 힘이 무엇인지, 융합을 통해서 어떻게 시너지가 창출될 수 있는지 체험하게 될 것이다.

인생 최고의 반찬은
칭찬이다

우리는 무엇을 할 때 행복지수가 높아질까? 운동할 때일까? 책을 읽을 때일까? 사람을 만날 때일까? 여행을 할 때일까? 무언가 성취했을 때일까?

밥 먹을 때는 어떨까? 밥 먹을 때처럼 행복지수가 높아질 때가 있을까?

우리는 밥을 먹을 때 항상 반찬을 같이 먹는다. 정성이 담긴 반찬을 먹으면서 우리의 기쁨은 배가 된다.

나는 인생 최고의 반찬은 칭찬이라고 생각한다.

칭찬은 고래도 춤추게 한다고 하지 않는가?

만일 우리가 반찬만 먹지 않고 칭찬도 즐겨 먹는다면 어떨까?

마음이 풍요로워지지 않겠는가? 기분이 업되지 않겠는가?

왜냐하면 칭찬을 먹게 되면 기분이 좋아지고 자신의 존재가치가 높아지면서 자부심이 증가하기 때문이다. 자신을 인정한다는 것만큼 행복하게 하는 것이 있을까?

상대방을 인정하고 칭찬하는 것이 얼마나 중요한지 우리는 많은 사례를 통해 알고 있다.

성경 다음으로 가장 많이 팔린 책이 ≪카네기 인간관계론≫이다. 이 책에서 데일 카네기는 '상대방을 진심으로 칭찬하라. 그러면 상대방의 능력이 증폭될 것이다'라고 강조를 한다.

그리고 심리 성공학의 대가인 윌리엄 제임스는 사람은 인정받고 싶어 갈망한다고 하지 않았던가?

박지성이 일본, 네덜란드, 영국 등을 누비며 최고의 활약을 펼치고 있는 동인이 무엇이라고 생각하는가? 그에게는 히딩크가 있었다.

2002년 월드컵을 준비할 때의 일이다. 어느 날 풀이 죽어 있는 박지성을 불러 히딩크 감독은 이야기 한다.

'지성 박! 항상 성실한 모습이 보기가 좋아. 앞으로 당신은 큰 일을 해낼 거야. 의기소침하지 말고 열심히 운동에 전념하도록 해. 알았지?'

히딩크 감독의 칭찬을 들은 박지성은 가슴이 뛰었다. 주체할 수 없는 설레임과 흥분이 폐부 깊숙이 스며들어 말로 표현할 수 없는 신비

비빔밥 시너지 · 융합

로움과 행복을 경험했다.

그때 박지성 선수는 결심했다.

'그래 한번 열심히 연습하는 거야. 발바닥에 땀이 나도록 한번 뛰어보는 거야.'

우리는 2002년 월드컵 당시 대한민국과 포르투갈과의 경기에서 박지성 선수가 멋지게 골을 넣고 히딩크 감독의 품 속으로 뛰어가 안기는 장면을 생생하게 기억하고 있을 것이다.

대한민국을 열광의 도가니로 몰아넣기에 충분한 그 장면을 보면서 나도 눈물을 흘렸던 기억이 난다. 상대방을 인정하는 칭찬 한마디가 한 사람의 인생에 전환점이 되었던 것이다.

나는 전주에서 30분 정도 떨어진 진안에 살았다. 내가 살고 있는 부귀중학교에 다닐 때 있었던 일이다. 초등학교에서 중학교에 가면 새롭게 도전해야 될 것 중의 하나가 영어공부다. 시골인지라 영어학원을 다닌 것도 아니고 모두 다 영어는 초짜나 다름없었다. 어느 날 영어 시간에 선생님께서 나를 호명하셨다. '유길문 일어나서 몇 페이지에 있는 본문 큰소리로 한번 읽어 봐.' 나는 가슴이 탁 멎는 줄 알았다. 워낙 내성적인 성격인지라 보고 읽는 것도 자신이 없었던 것이다. 나는 일어나서 서투른 발음과 자신없는 목소리로 더듬더듬 영어책을 읽었던 기억이 난다.

그런데 수업이 끝날때쯤 선생님께서 교무실로 부르셨다.

‘왜 선생님이 교무실로 오라고 하시는 거지! 내가 뭘 잘못했나’ 나는 종소리가 울린 뒤 교무실 앞에서 망설이고 있었다. 들어가야 되는데 문을 열고 들어가면 어떤 장면이 펼쳐질지 모르니 두려움이 앞섰던 것이다.

용기를 내어 들어갔다.

‘선생님, 저 왔는데요.’

‘길문이 왔냐! 아까 수업시간에 우리 길문이 영어 읽는데 목소리도 아주 좋고 발음도 너무 멋지던데…… 앞으로 영어 공부하는데 힘들고 어려운 것 있으면 언제든지 선생님한테 찾아와, 알았지.’

‘네, 알겠습니다. 선생님.’

교무실 문을 나서는 순간 뛸 듯이 기뻤다.

‘아니 영어 선생님이 나를 칭찬하다니! 내가 목소리가 좋은가? 내가 특별히 발음을 어디서 배운 것도 아닌데 발음이 좋다고 하시네. 내가 영어에 소질이 있나? 그래 오늘부터 영어 공부를 열심히 해보자.’

영어 선생님으로부터 칭찬을 들은 이후에 오른손에 항상 갖고 다니는 것이 있었다. 영어 단어장이었다. 학교에 오갈 때나 소에게 풀을 먹일 때나 소죽을 끓일 때나 영어 단어를 외웠던 기억이 난다. 시골이기 때문에 영어를 잘한 것은 아닐지 모르지만 나는 영어를 즐기고 있었다. 그 당시 내 머릿속에는 어떻게 하면 영어 선생님을 기쁘

비빔밥 시너지 · 융합

게 할 수 있을까만 가득했다. 그러다보니 자연스럽게 영어를 더 공부하고 관심을 가졌던 것이다.

그때 영어 선생님은 최근 교육장을 역임하신 뒤에 교장선생님을 끝으로 정년 퇴직을 하셨다. 지금도 생생하다. 영어 선생님이 나를 위해 진심으로 칭찬하던 그 어린 시절 추억이……. 나는 확신한다. 인생 최고의 반찬은 칭찬이라고. 칭찬은 한 사람의 인생을 송두리째 바꿔놓을 수 있는 엄청난 힘이 있다고.

한마디의 칭찬이 박지성 선수의 가슴에 전달되는 순간 융합을 일으켰다. 중학교 때 평범하게 던진 영어 선생님의 칭찬 한마디가 나의 마음을 지배했다. 이런 것이 시너지다. 융합의 본질이다. 어떤 말이든 어떤 사람이든 어떤 사물이나 대상이든 우리에게 긍정적인 작용을 일으킬 수 있는 것이다.

배추가 김치되는 비결

우리는 시너지를 내고 싶어한다. 지금보다 더 나은 삶을 원한다. 더 나은 성과, 지금보다 더 나은 시너지를 내기 위해서는 기본적인 자세가 되어 있어야 한다. 배추가 김치되는 비결 속에 우리가 시너지를 낼 수 있는 소중한 지혜가 담겨 있다.

밥을 먹을 때 꼭 있어야 될 것이 김치라는데 이의를 달 사람은 없다.

그런데 배추가 김치로 거듭나는 비결에 대해서 들어본 적이 있는가? 나는 오랫동안 몰입을 해봤다. 과연 배추가 김치가 되어 사람들을 열광하게 하는 비결이 무엇인지에 대해.

첫째, 속이 꽉 차야 한다.

속이 꽉 차지 않으면 김치에 도전할 수가 없다. 일단 아무리 의욕이 앞선다고 하더라도 기본이 되어야 한다는 것이다. 기본은 하루 아침에 이루어지지 않는다. 충실한 준비 기간이 필요하다.

둘째, 간절함이다.

간을 절인다는 것은 무엇인가? 배추가 김치로 변신을 시도하기 위해서는 간절함이 묻어나야 한다는 말이다.

셋째, 숨을 죽여야 한다.

숨을 죽인다는 것은 나를 내려놓는 것이다. 내가 나임을 비우고 내려놓을 때 비로소 새롭게 태어나는 것이다.

넷째, 포기를 포기하지 않는 것이다.

배추는 포기로 센다. 배추가 그 어렵고 힘든 여정 속에서도 자기의 정체성인 포기를 포기한다고 생각하는가? 아니다. 절대로 배추는 김치가 되더라도 포기임을 포기하지 않는다. 그냥 포기 그대로 존재하는 것이다.

다섯째, 숙성의 기간이다.

배추가 김치가 되기 위해서는 시간이 필요하다. 배추에서 제대로

비빔밥 시너지 · 융합

된 김치로 변화하여 사람들의 사랑을 받을려면 일정한 기다림의 숙성기간이 필요하다. 하루 아침에 맛이 저절로 만들어질 수는 없다. 숙성할 절대적인 시간을 확보해야 하는 것이다.

여섯째, 정성이다.

김치를 누가 담는가? 어머니들이 담지 않는가? 김치가 맛있는 것은 어머니의 정성이 담겨 있기 때문이다.

어머니의 진심과 성심이 담겨 있는데 얼마나 맛이 있겠는가?

일곱째, 색깔과 향기가 있어야 한다.

김치가 그냥 배추 형태와 똑같은 색깔과 향기를 띤다면 김치가 되겠는가? 흰색과 녹색에서 빨간 고추장, 젓갈 등이 어울려 새로운 색깔로 변하는 것이다. 향기를 발산하려면 무언가 새로운 변신을 시도해야 한다.

위의 일곱 가지가 배추가 김치되는 비결이라고 생각해보면 무척 흥미로운 일이 될 것이다. 위의 일곱 가지 비결이 우리에게 전하는 메시지는 무엇이라고 생각하는가?

우리가 시너지를 내기 위해서 필요한 모든 것들이 다 녹아 들어 있다고 생각지 않는가?

우리가 시너지를 내기 위해서는

❶ 기본이 중요하다.

❷ 간절함이 우선이다.

❸ 나를 비우고 내려놓는 겸손의 작업도 필요하다.

❹ 나의 정체성을 견지하는 것도 중요하다.

❺ 기다림 즉 인내의 기간은 필수요소이다.

❻ 성심껏 임하는 정성의 마음도 빼놓을 수 없다.

❼ 나만의 색깔과 향기를 갖추는 것도 성취의 열쇠가 된다.

오늘부터 식사를 하면서 김치를 바라보는 시각을 달리해보자.

김치를 바라보며 시너지를 생각해보자. 시너지를 내는 비결을 김치 속에서 찾아보는 작업을 해보자. 김치를 김치로 보지 말고 김치를 더욱 빛나게 할 금치로, 부가가치로 바라보는 연습을 시도해보자. 김치의 의미와 가치를 생각하면 더욱 김치를 사랑할 수밖에 없게 될 것이다.

아침 5분 시너지를 창출하는
질문을 하라

'무엇이 내 가슴을 뛰게 하는가?'

한비야 씨가 즐겨하는 질문이라고 한다.

매일 아침 또는 시간이 날 때마다 한비야 씨처럼 이런 질문을 한다면 우리의 마음이 어떻게 변할까? 설레임과 흥분된 시간의 연속이 될 것이다.

아침에 일어나자마자 5분 동안 시너지를 낼 수 있는 질문을 하라.

그러면 하루를 즐겁고 행복하게 보낼 수 있게 된다.

질문의 힘은 강력하다. 왜냐하면 자신의 내면을 들여다볼 수 있고 잠자고 있는 거인을 깨울 수 있기 때문이다.

‘내가 정말로 원하는 것이 무엇일까?’

‘어떻게 하면 내가 원하는 것을 이룰 수 있을까?’

‘나는 누구인가?’

‘나를 설레고 흥분되게 하는 것은 무엇인가?’

‘내가 정말로 좋아하고 잘할 수 있는 것은 무엇일까?’

‘나의 자원은 무엇이 있는가?’

‘지금까지 살아오면서 즐겁고 행복했던 일은 무엇이 있을까?’

‘무엇이 진정 나의 가슴을 뛰게 하는가?’

‘어떻게 하면 내가 다른 사람들의 인생에 가치있는 것을 보탤 수 있을까?’

위의 질문외에도 얼마든지 자신에게 적합한 질문을 만들어 볼 수 있다. 나를 꿈틀거리게 하고 평범함에서 비범함으로 만들 수 있는 강력한 질문을 만들어보라.

질문의 힘, 즉 질문의 효과는 많은 책들의 사례들을 통해서 이미 검증되었다. 질문과 관련된 책을 한두 권쯤 사서 정독을 하면 많은 도움이 될 수 있을 것이다.

거듭 강조하고자 하는 점은 나에게 시너지를 내게 도움을 줄 수 있는 질문을 만들어보라는 것이다.

지금 나를 움직이게 하고 더욱 행복하게 하고 성취하는 삶으로 이끌 수 있는 아름다운 질문을 만들어보자.

‘내가 정말로 좋아하고 잘할 수 있는 것이 무엇일까?’

내가 아침에 일어나자마자 즐겨하는 질문이다.

2007년부터 이 질문을 했으니 약 7년째 하고 있는 셈이다.

처음에는 그냥 단순히 했던 질문이 이제는 내면 깊숙한 곳에서 해답 찾기를 요구한다.

이렇게 지속적으로 질문을 한 결과 나는 해답을 찾았다.

내가 진정으로 좋아하고 잘할 수 있는 일을 어느 순간 발견한 것이다.

그때의 기쁨을 어찌 말로 표현할 수 있겠는가?

‘꿈과 비전이 있는 사람들이 꿈과 비전을 성취하도록 도움을 주는 일’

내가 정말로 좋아하고 잘할 수 있으리라 확신한 해답이다.

계속 나에게 질문을 하고 답을 하는 일련의 과정 속에서 내면의 꿈틀거리는 황홀한 비전을 잉태한 것이다.

나는 지금 자신있고 당당하게 말할 수 있다.

꿈과 비전이 있는 사람들이 진정 원한다면 그분들이 ‘꿈과 비전을 성취하도록 도움을 주는 일’은 대한민국에서 최고로 잘할 수 있다고.

위의 질문외에 가치있는 질문이 하나 더 있다.

‘어떻게 하면 다른 사람들의 인생에 가치있는 것을 보텔 수 있을까?’

이 질문을 던질 때마다 나를 돌아보고 비우며 내려놓게 된다. 그리고 저절로 겸손한 마음이 들기도 한다.

러시아의 대문호이자 세계적인 문학가인 톨스토이도 질문을 즐겨한 사람으로 유명하다. 톨스토이로 하여금 시너지를 내게 한 질문은 세 가지라고 한다.

'나는 누구인가?'

'나는 지금 어디에 있는가?'

'나는 지금 어디로 가고 있는가?'

위의 세 가지 질문은 어렵다. 하지만 질문을 하면 할수록 어려우면서도 자신을 깨우치는 질문이라는 생각이 든다.

자신을 자각하게 되고 자신의 정체성을 발견하도록 도와주는 강력한 질문이다.

톨스토이가 질문을 통해서 새로운 변화와 변신을 꾀했다면 우리도 한번 실천해볼 가치가 있지 않겠는가?

2007년에 앤서니 라빈스의 ≪네 안에 잠든 거인을 깨워라≫를 감명깊게 읽었다.

앤서니 라빈스는 힘주어 말했다. 아침에 일어나자마자 아침 질문을 습관화하면 하루를 즐겁고 행복하게 지낼 수 있으며 원하는 비전을 반드시 성취할 수 있다고!

집이 없어 다락방에서 잠을 자고 일자리를 얻지 못해 접시닦이 등

비빔밥 시너지 · 융합

몇 개의 일을 하며 볼품없이 보내던 사람이 3년 만에 대중앞에서 강연을 하고 성공한 사람으로 거듭날 수 있었던 비결이 바로 스스로의 자부심을 끌어올리는 질문을 통해서였다.

톨스토이와 앤서니 라빈스가 질문을 통해서 시너지를 창출했다면 우리도 한번 시너지를 내는 질문을 매일 아침 적용해보면 어떨까?

나에게 질문과 관련된 에피소드가 있다.

나는 고등학교 때부터 전주에서 자취 생활을 했다. 주말에 시골 고향을 가게 되면 동네에서 마주치는 할머니들에게 인사를 드리게 된다.

'할머니 안녕하세요!'

'질문이 왔나!'

'할머니, 질문이가 아니라 길문이라고요!'

'질문이…….'

'할머니, 질문이가 아니라 길문이라고요!'

몇 번을 내 이름이 질문이가 아니라 길문이라고 강조해도 할머니들은 질문이라고 불렀다. 어렸을 때는 이름을 바꾸어 부르는 할머니들이 야속하게 느껴졌지만 지금 돌이켜보면 아름다운 추억으로 기억된다. 우연치고는 필연이라는 생각이 들기도 한다.

나는 이름이 '유길문'이지만 살아가면서 자신, 그리고 타인에게 질문을 통해서 삶을 한 단계 윤택하게 하라는 메시지가 담겨 있었는지도 모른다.

오늘 일어나서 어떤 질문을 하고 있는가?

매일 규칙적으로 시너지를 창출할 수 있는 위대한 질문을 던져 보면 어떨까? 조금 더 활기차고 여유있으며 행복한 시간을 보낼 수 있을 것이다.

질문이 나를 꿈꾸게 한다.

질문이 나를 춤추게 한다.

질문이 나를 행복하게 한다.

질문이 나를 위대한 삶으로 이끈다.

비빔밥 시너지 · 융합

한 놈만 패라
한 놈만 생각하라

한 놈을 잡아서 패야 한다. 여럿을 잡아서 패면 힘이 분산된다.

우리는 항상 선택에 직면한다. 선택을 하고 나면 가지 않은 길에 대해서 미련과 아쉬움도 많이 남게 된다. 프로스트의 '가지 않은 길'이 오랫동안 우리 곁에서 머무는 이유이기도 하다. 선택을 했으면 집중하는 것이 필요하다. 그러나 우리는 한 가지에 만족할 줄 모른다. 새롭게 다가오는 또 다른 것이 있으면 다시 선택에 직면하게 되는 것이다. 잘하고 싶은 것이 많이 있으면 힘이 분산된다. 일단 한 가지에 몰입해야 한다. 한 가지에 답이 있다. 한 가지에 진리가 있다. 한 가지를 잘하면 다 연결되는 것이다.

최근 잘 아는 원장님을 코칭한 적이 있다. 지금도 학교와 여러 분야에서 강의를 왕성하게 하는데도 새로운 콘텐츠를 하나 추가한 것이다. 그동안 투자한 돈과 시간이 아까워서 그쪽일까지 지경을 넓히고 싶어 하셨다. 그러나 이야기를 들어보니 하고는 싶지만 시간이 없었다. 지금도 바쁜데 그것까지 하게 되면 더욱 바빠지고 더욱 시간에 쫓기게 될 것이 자명했다. 자신이 하고 싶은 일을 선택하는 것도 중요하지만 버릴 줄도 알아야 한다. 버린다고 해서 아주 버리는 것이 아니다. 일단 빼기의 미학을 실천해보는 것이다. 지금 공부한 것은 나중에라도 몰입하고 있는 일에 긍정적인 시너지 효과가 창출될 수 있을 것이다. 한 가지를 뚫어지게 응시해야 한다. 흔들림없이 지속적으로 응시해야 한다. 한 곳을 정복한 뒤에 다른 것을 얹혀야 한다. 완전히 내 것이 되지 않고 내 브랜드가 없는 상태에서 여러 가지를 병행하면 이도 저도 아닌 것이 된다. 내 것이 없어진다. 나를 보여줄 수 있어야 한다.

남의 것만 계속 모방하지 말고 자신만의 콘텐츠를 만들어야 한다. 그렇게 하려면 한 놈을 계속 패고 한 놈을 계속 생각해야 한다. 깊게 파야 한다. 깊게 내려가는데 돌멩이도 만날 수가 있다. 그래도 파야 한다. 물이 나올 때까지 지속적으로 파야 한다. 10년 정도는 뒤돌아보지말고 깊숙이 파내려 가야 한다. 내 것으로 완전히 체화되어지면 하나씩 섞기도 하고 융합을 시도해보는 것이다. 시너지는 그런 것이다. 하나를 선택하는 것이다. 하나를 내 것으로 만들고 내 것이라는

비빔밥 시너지 · 융합

확신이 들 때 다른 것을 섞어야 한다. 그러면 비로소 우리가 상상할 수 없을 정도의 놀라운 시너지 효과가 발생할 수 있게 되는 것이다.

김치에나 포기가 있지
나의 사전에 포기라는 단어는 없다

2011년 11월 21일은 나에게 아주 의미있는 날로 기억될 것이다.

왜냐하면 대학교 3학년 때부터의 바람이 이루어진 날이기 때문이다.

65kg! 내가 23년 전부터 간절히 원하던 나의 몸무게 목표.

체중계에 올라서서 나는 내 눈을 의심하였다. 눈금이 딱 65kg을 가리키고 있었기 때문이다.

나는 뛸 듯이 기뻤다. 오래 전부터 정말로 살이 찌고 싶었다.

많은 사람들이 우리의 소원은 통일이라고 이야기할 때 나는 살찌는 것이라고 이야기하곤 했었다. 물론 나도 통일을 소원하였지만.

65kg에 무슨 의미를 부여한 것은 아니지만 꼭 이루고 싶은 수치였다.

왜 이리도 살찐 사람들이 부럽던지 아마도 겪어보지 못한 사람들은 이해하지 못할 것이다. 누군가가 너는 왜 이리도 살이 안찌냐고 하면 상처를 받기까지 했다.

직장에 들어가고 안정이 되면 살이 찔 줄 알았다.

그런데 아무리 먹어도 살이 찌지 않는 것이었다.

저녁에 라면을 먹고 자면 살찐다고 해서 수없이 먹었다. 주먹밥을 먹으면, 고기를 삶아서 자기 직전에 먹으면 살이 찐다고 해서 따라해 봤다.

이렇듯 주위의 조언에 따라 많은 시도를 해보았다.

그리고 어머님 살아 생전에는 시골집에 가면 개소주나 한약 등 여러 가지를 몸보신하라고 지어 주셔서 먹기도 했다.

또한 경기도 일산의 한의원에서 한약을 지어 먹으면 살이 찐다고 친척이 알려주어서 한약을 먹어 보기도 했다. 그러나 소용이 없었다. 내 몸무게는 60kg에서 ±1kg 내에서 움직였다. 목욕탕에 가서 61kg에 멈추면 그 한 주는 기분이 무척 좋았을 정도였다. 물론 59kg대로 떨어지면 스트레스로 다가오기도 했다.

매년 연말이면 다음 해 여러 가지 목표를 정하곤 한다.

물론 지금까지 살찌는 것은 매년 나의 단골 목표였다.

전 세계적으로 밀리언셀러가 된 론다 번의 ≪시크릿≫을 아는가?

≪시크릿≫의 핵심은 '내가 원하는 것을 끌어당기면 무슨 일이든지 이룰 수 있다'가 아닌가?

내가 전하고자 하는 메시지는 하나다.

나는 단순한 것을 이야기 하려고 하는 것이다.

우리는 매년 목표를 정한다.

물론 너무 과도해서 포기하는 경우도 종종 있다.

하지만 중요한 것은 실패는 있어도 포기하지 않으면 언젠가는 이룰 수 있다는 것이다.

당신이 정말로 원하는 것이 무엇인가?

당신을 설레게 하고 가슴뛰게 하는 일이 무엇인가?

그것을 한번 적어보자.

그리고 지속적으로 생생하게 꿈꾸어 보자.

올해도 내년에도 아니 10년이 지나도 변하지 않을 나의 간절한 목표는 무엇인가?

그 목표에 한번 몰입해보자.

'살찌는 것.'

'뭐 그런 것 가지고……' 할 수도 있을 것이다.

그러나 다른 것을 대입해보면 똑같은 원리가 아니겠는가?

아무리 거창한 목표일지라도 내가 정하고 내가 멈추지 않고, 포기하지 않으면 성취하지 못할 것이 무엇이 있단 말인가?

내가 끊임없이 생각하고 끌어당기는데 못할 게 무엇이 있단 말인가?

나는 폴 마이어를 좋아한다.

'어떤 말을 만 번 이상 되풀이하면 그 일은 반드시 이루어진다'라는 아주 멋진 말을 했기 때문이다.

그리고 처칠도 좋아한다.

그도 아주 소중한 메시지를 던졌다.

'포기하지 마십시요. 포기하지 마십시요. 여러분 절대로 절대로 포기하지 마십시요'라고.

나는 자신있게 이야기할 수 있다.

아무리 힘들고 어려워도 포기하지 않으면 무슨 일이든지 꼭 이룰 수 있다고…….

'김치에나 포기가 있지 나의 사전에 포기라는 단어는 없다.'

새로운 도전을 원하는 이여!

무엇을 망설이는가?

무엇을 주저하는가?

결단하라!

그리고 천천히 앞으로 나아가라!

그러면 반드시 원하는 비전을 성취할 수 있을 것이다.

다시 한번 내가 좋아하는 말을 반복해본다.

'김치에나 포기가 있지 나의 사전에 포기라는 단어는 없다.'

시너지는 마주보는 것이 아니라
한 곳을 응시하는 것이다

●

시너지를 내려면 집중을 요한다. 시너지를 내려면 일정기간 몰입을 해야 한다. 힘들다고 자꾸 이곳저곳을 기웃거리지 말아야 한다. 어린 시절 신문을 돋보기로 태워본 경험이 있을 것이다. 한 곳을 응시하다 보면 손이 저리고 힘들어진다. 그러면 돋보기를 내렸다가 다시 들기도 하고 한 곳에서 다른 곳으로 이동해 보기도 한다. 그러나 이렇게 리듬이 끊기고 중간에 멈춤이 반복되면 절대로 신문지는 타지 않는다. 한 곳을 정하고 지속적으로 뚫어지게 응시할 때 비로소 표적이 된 그 신문지는 타게 되는 것이다.

시너지는 바로 이런 것이다. 목표를 정했으면 일관성있게 전진해야 한다. 확신을 가지고 앞으로 나아가야 한다. 조급한 마음을 버리고 차분한 마음으로 일정기간 한 가지 목표를 향해 몰입을 해야 한다.

돈은
시너지에서 나온다

예전에 근무하던 곳 인근에 맛있는 음식점이 있었다.

'○○○감자탕'집이다.

이 감자탕집에는 스토리가 있다.

한 번 가면 또 갈 수밖에 없는 묘한 매력이 있다.

바빠서 인근 식당에서 밥을 먹다보니 한참동안 그 감자탕집을 잊고 지냈다.

어느날 인근에 갈 일이 있어서 혼자 감자탕집에 들렀다.

'사장님 감자탕 한 그릇 주세요?'

'한 그릇은 안팔아요.'

비빔밥 시너지 · 융합

나는 그냥 돌아서기가 서운해 한 그릇만 팔면 안되냐고 다시 이야기를 했다.

사장님은 완고하게 안된다고 말씀하셨다.

감자탕 1인분은 6,000원이다. 인근에 식사할 때가 마땅치 않아서 다시 사장님에게 협상을 제시했다.

'사장님! 10,000원 드릴테니 감자탕 1인분만 주시면 안되나요?'

'아까 말씀드렸잖아요. 1인분은 안판다니까요. 여기 감자탕집의 원칙이에요.'

'네, 알겠습니다.'

아쉬움을 뒤로 하고 감자탕집에서 나올 수밖에 없었다.

그 후 일주일 정도 뒤에 직원들이 그 감자탕집으로 식사를 하러 가자고 제안을 했다.

나는 어떤 선택을 했을까?

그 감자탕집으로 식사를 하러 갔을까?

식사를 하러 갔다. 가서 아주 맛있게 먹었다.

예전에 조금 기분이 상하고 아쉬움이 있었던 일은 언제 있었냐는 듯이.

내가 왜 그 감자탕집을 다시 갔는지 궁금하지 않은가?

그 감자탕집에는 다른데서 맛볼 수 없는 맛이 있고 스토리가 있다.

일단 식사를 하러 가면 반찬과 더불어 특별한 메뉴가 나온다.

토스트를 사람 수에 맞게 내놓는 것이다.

사람들의 반응은 어떠할까? '와우!'이다. 한마디로 서프라이즈다.

'아니 감자탕집에 왠 토스트'

그리고 본 메뉴인 감자탕을 맛있게 먹고 나면 바나나를 사람 수에 맞게 내놓는다.

바로 이어서 직접 탄 원두커피를 한 잔씩.

감자탕 맛은 어떨지 궁금하지 않은가?

감자탕 맛도 끝내준다. 감자탕 맛이 맛깔스러우니 토스트와 바나나와 원두커피가 빛을 발하는 것이다.

만약 감자탕은 맛이 없고 다른 추가적인 서비스를 제공했다면 사람들의 발길을 잡을 수 있었을까?

최근의 다른 음식점과 차별화되는 이유이기도 하다.

잘 알고 지내는 지인의 친척이 대형 음식점을 운영하고 있다.

처음 들어갈 때부터 무척 기분이 좋아진다. 왜냐하면 사장님부터 종업원들까지 모두 친절하기 때문이다.

더군다나 완벽할 정도로 깨끗하다. 그리고 조금 앉아 있다보면 저절로 미소를 짓게 한다. 서비스로 맛있는 파전이 나오기 때문이다. 그리고 본 메뉴 음식을 먹고 있는 동안에 사장님이 와서 말을 건넨다.

'손님 맛은 괜찮으세요. 더 필요한 것은 없으시구요?'

'네, 사장님 잘먹고 있습니다.'

한참 식사하다 보면 직원이 와서 똑같이 친절한 말을 건넨다. 더 필요한 것이 없으시냐고.

식사를 다 마치고 계산할 때 다시 사장님은 친절하게 말을 건넨다.

‘뭐 부족한 것 없으셨어요?’

‘네!’

그런데 사무실에 돌아오면 무언가 2% 부족함을 느낀다.

왜 그럴까? 무언가 채워지지 않는 그런 느낌을 뭘로 표현할 수 있을까? 핵심 즉 알맹이가 빠져있기 때문이다.

본 메뉴가 맛이 없는 것이다. 나도 ‘별로인데’ 라고 이야기를 하는데 너도나도 별로란다.

본 메뉴 느낌을 너도나도 별로라고 이야기를 한다면 이 다음에 이 음식점을 선택할까?

아니다. 왜냐하면 본 메뉴가 맛이 없으면 아무리 다른 음식 서비스가 잘 나오고 친절 마인드로 무장되어 다가선다고 한들 고객들의 발길을 돌리는데 실패할 수밖에 없다.

감자탕의 핵심 콘텐츠는 무엇인가? 감자탕이다.

일단 감자탕이 기막힌 맛을 낼 수 있어야 한다. 감자탕이 최고여야 한다.

만약 먼저 사례의 감자탕집이 감자탕이 맛이 없고 토스트와 바나나와 원두커피를 융합했다면 고객들로부터 환영받을 수 있었을까?

우리 모두 생각해보자!

자신의 핵심 콘텐츠가 무엇인가를.

그리고 핵심 콘텐츠를 선택하여 집중·몰입하고 있는가를.

진짜로 핵심 콘텐츠에 자신이 있으면 하나씩 지평을 넓혀보면 어떨까?

섞기도 해보고 융합도 해보고 창조도 해보다 보면 무언가 놀라울 만한 일(serendipity)이 발생할 것 같지 않은가?

그러면 자연스럽게 시너지가 발생하게 된다.

시너지가 발생하면 돈은 자연스럽게 따라온다.

따로따로지만 **하나**
단순화에 답이 있다

시너지의 핵심은 사람들이 가려워하는 부분을 긁어줄 수 있는 것이다.

많은 사람들이 고민하는 것 중의 하나가 아주 유용한 정보라고 생각하고 있던 것을 아무리 기억하려 애써도 기억할 수 없다는 것이다.

이런 CEO와 리더들의 고민을 해결해주기 위해 솔루션을 들고 나온 장본인은 에버노트 CEO인 필 리번.

에버노트는 스마트폰을 이용해 메모를 적는 단순한 메모장 앱(응용프로그램)이다. 하지만 이 애버노트는 문자뿐만 아니라 스마트폰 사진, 스마트폰 녹음, 스마트폰 손글씨 등으로도 메모를 만들 수 있는 장점이 있다. 그러니 사람들이 무엇인가를 기억하고 싶을 때 에버노트를 사용하면서 열광하게 되며 그들의 두뇌를 대신하고 있다고 입소문을 내고 있는 상황이다. 즉 5,000만 명 이상의 제2의 두뇌 역할을 하고 있는 셈이다. 이 정도 쯤이면 에버노트를 개발한 CEO인 필 리번 뿐만 아니라 이 에버노트 앱을 사용하고 있는 고객들도 시너지 효과를 누리고 있다는 생각이 들지 않는가?

시너지는 거창한 것이 아니다. 아주 작은 것이 시너지 효과를 창출할 수 있다. 필 리번은 아주 사소한 것에 목숨을 걸었다. 많은 사람들이 고민하고 있는 것들 중 한 가지에 모든 시간과 에너지를 집중한 것이다. 어찌보면 너무 단순하다고 생각지 않는가? 그러나 단순함에 최고의 비밀이 숨겨져 있다는 것을 알 수 있다. 사람들이 가려워하는 그 부분을 아주 깊게 파고들어 단순함의 미학을 만들어낸 것이다. 그래서 세계적으로 많은 사람들이 에버노트에 열광한다고 생각하지 않는가?

단순함 속에 상대방 즉 고객을 향한 사랑과 애정이 담겨 있을 때 진정한 시너지 효과가 창출되는 것이다. 우리 주위를 한번 둘러보자. 지인들이 직원들이 고객들이 지금 가려워하는 부분이 무엇인가? 그것을 찾아내서 단순하게 해결책을 만들어보자. 그 사람들을 배려하고 사랑하는 마음을 가지고.

똑같은 주제를 가지고 6,000회
강연을 하였다면 어떤 일이 발생할까?

시너지를 내려면 선택도 중요하지만 더욱 중요한 것은 많은 것을 포기할 줄 알아야 한다는 것이다. 포기가 몰입을 낳는다. 포기할 줄 아는 용기가 없으면 아무것도 할 수 없다. 하지 말아야 할 것을 정리할 줄 알아야 집중과 몰입을 이끌어낼 수 있다. 시너지의 핵심은 한 가지에 몰입하는 것이다. 전제조건은 딱 한 가지다. 몰입하려면 많은 것을 포기할 수 있어야 한다는 것이다. 우리를 유혹하는 수많은 것들을 버릴 수 있는 용기가 있어야 한다.

러셀 콘웰은 한 가지 '나의 다이아몬드는 어디에'라는 주제를 가지고 6,000회 이상의 강연을 하였다. 한 가지 주제를 가지고 600회가 아니라 6,000회 이상의 강연을 하였다고 생각해보라. 어떤 일이 발생할 것 같은가? 그것 말고 수없이 하고 싶은 강연 주제가 있었을 것이다. 그러나 러셀 콘웰은 한 가지 주제만 생각하고 고민했다. 다른 유혹을 물리치고 한 가지에 모든 것을 건 것이다. 얼마나 깊이가 있겠는가? 한 가지 주제로 6,000회 이상 실시한 강연을 듣는 사람들은 얼마나 행복했을까? 최고의 진수를 보여주었을 것이라고 생각한다. 최고의 에센스를 강연에 풀어놓았음은 자명한 일이다. 한 곳을 지긋이 응시하면 시너지가 창출된다. 한 곳을 바라보면서 멈추지 않고 지속하는 힘은 말로 표현할 수 없는 임팩트를 선사할 것이다.

시너지 효과는
창출하는 것이다

  CEO가 시너지를 내지 못하면 무슨 일이 발생할까? 회사는 돌아가지 않는다. CEO는 시너지를 내기 위해서 혼신의 힘을 다해야 한다. 지금까지 모든 CEO들이 최선의 노력을 다하고 있기는 하다. 그러나 열심히 하는 것만으로 시너지를 낼 수는 없다. 시너지를 내기 위해서는 전략적으로 접근해야 한다. 이것저것 기웃거리는 것이 아니라 하나를 집중적으로 내 것으로 만들어야 한다. 지금 회사의 현황을 면밀히 파악하고 과거의 사이클을 연구하고 미래를 어떻게 가져갈 것인지를 집중적으로 고민해야 한다. 현재 상황에서 무엇을 융합할 것인지를 오랫동안 심혈을 기울여 꼭 찾아내야 한다.

비빔밥 시너지 · 융합

시너지 연금술사
섞어주는 사람

골동반

　　　　　　한복선

비빔밥의 옛 이름은

골동반 어지러움 골

섣달그믐

집 안 구석구석 불 밝히고

섞어 먹는 밥

농부들 새참

푸성귀에 고추장 비빔밥

이제 한국을 대표하는 음식이라

비행기도 타고 나른다

고슬한 쌀밥에 참기름 고수하게 버무려

삼색나물 쇠고기 표고볶음 생선전 튀각 달걀지단 고루 얹어

약고추장에 살살 비벼 먹으니

입안에 호사로다

육해공군 농군까지 한 그릇이라

화합하는 날

뽑혀 가는 음식이다.

시너지 연금술사가 되려면 섞어주는 사람이 되어야 한다. 시너지를 내도록 돕는 사람이 되어야 한다. 우리는 누구나 에이스가 되길 원한다. 에이스는 섞는 것의 가치를 이해하는 사람들이다. 시너지를 내려면 에이스들이 되어야 한다. 왜냐하면 에이스들은 생각한 것을 곧바로 행동으로 옮기며, 행동하면서 동시에 생각하고, 열정과 에너지가 넘치며 항상 감사하는 마음을 견지하고 있기 때문이다.

시너지를 내기 위해서는 통합적인 사고를 가져야 한다. 한 가지의 키워드를 생각하되 부수적인 것들을 염두에 두어야 한다. 에이스들이 행동하며 소통을 생각하고, 에너지가 넘치며 감사하는 마음을 가지고 있듯이 시너지 연금술사도 에이스들처럼 통합적인 시너지 사고를 가져야 한다.

'회사 운영에 대한 쟁점이 있을 때, 이를 덮어두지 않고 적극적인

토론을 통해 발전적으로 해소하도록 한 건설적 대립이 인텔 성공의 가장 큰 원동력이다.'

전 인텔 CEO인 앤디 그로브가 한 말이다. 이것이 진정한 협업의 자세이다. 이것이 진정한 소통의 마음가짐이다. 쟁점을 쟁점으로 보지 않고 건설적 대립으로 승화시키는 것이 협업의 시작이자 소통의 밑거름이 되며 시너지원이 되는 것이다. 시너지 연금술사는 항상 긍정적으로 모든 상황을 인식해야 한다.

현상을 현상으로만 보지 않고 다른 시각으로 바라볼 수 있어야 한다. 쟁점과 대립을 쟁점과 대립으로 생각하지 않고 시너지를 내는 시발점이라고 생각해야 한다. 사람과 사람이 만나고 사물이 만나서 충돌할 수도 있다. 그러나 그 충돌을 서로 섞어서 융합의 미학으로 발전시킬 수 있어야 한다. 시너지를 생각하는 마인드를 가질 때 시너지 연금술사가 될 때 얻을 수 있는 최고의 혜택이 될 것이다.

시너지는 - 를 + 로 바꾸는 것이다

우리캐피탈이라는 회사가 있었다. 그런데 전북은행이 인수하면서 JB우리캐피탈로 바뀌었다. JB우리캐피탈은 과거 모회사인 대우자동차판매(주)의 워크아웃으로 조달금리가 높아져 영업을 할 수 없는 상황이었으나, 우량 금융회사인 전북은행이 인수함에 따라 신용등급이 창사 이래 최고등급인 'A+'로 3단계 상향되어 조달금리 하락에 따른 영업력과 수익성이 빠르게 회복되었고 전북은행이 주식매매계약을 체결한 2011년 7월부터 영업을 재개하였다. 이후 높은 영업실적을 달성하는 등 빠른 영업기반 회복에 의한 경영정상화로 2012년도 1분기 이후 흑자기조로 전환·유지되어 2011년도 성적은 영업이익 -127억 원, 당기순이익 -84억 원이었던 상황에서 2012년도 이 회사가 JB우리캐피탈로 바뀌고 난 뒤에 영업이익 112억 원, 당기순이익 85억 원을 시현하였다. 그리고 2013년도 3분기 누적(1월~9월) 영업이익 160억 원 및 당기순이익 122억 원을 시현하였으며 향후에도 안정적인 수익 성장세를 유지할 것으로 전망하고 있다.

전국적 영업망을 가진 JB우리캐피탈을 인수함에 따라 전북은행은 수익원이 다변화됨과 동시에 신용평가사 등 시장에서 우려한 지역 편중리스크 등을 해소할 수 있을 것으로 기대하고 있으며, 더불어 전북은행은 JB우리캐피탈과 각종 제휴를 통하여 시너지를 높이는 한편, 고객에게 한층 질 높은 금융서비스를 제공할 수 있도록 다각적인 노력을 지속적으로 개발·전개해 나갈 것으로 보인다.

JB우리캐피탈로 회사가 바뀌고 기간이 얼마 지나지 않았을 뿐인데 어떤 마술이 일어났는가? 전북은행이 우리캐피탈을 인수하고 난 뒤에 시너지 효과가 발생한 것이다. 전북은행에서 적자를 면치 못했던 우리캐피탈을 인수할 당시 주변의 우려가 많이 있었다. 그러나 전북은행은 우리캐피탈 인수를 통해 기업금융과 중고차 시장에 새로 진

비빔밥 시너지·융합

입할 수 있었고 우리캐피탈 또한 신용등급이 3단계나 오르면서 흑자 전환에 성공한 것이다. 전북은행과 우리캐피탈 모두에게 두 회사의 결합은 시너지를 낸 것이다. 우리캐피탈 인수를 통해서 전북은행은 JB금융지주 출범을 했다. 지금보다 앞으로 두 회사는 지속적인 상품 개발과 전략적인 제휴 등을 통해서 훨씬 더 시너지 효과는 배가 될 것이다. CEO의 결단과 실행에 시너지 효과가 있을 것이라는 확신이 있어야 한다. 시너지 마인드가 없으면 적자에 허덕이는 기업을 주변에서 모두 우려하는데도 어떻게 인수할 수 있었겠는가?

시너지는 한 개를 더 얹히는 것이다

전주 한옥마을을 돋보이게 한 비밀이 있다. 이전의 한옥마을에서 한 단계 업그레이드 시킨 사연이 있다. 그것은 바로 한옥마을 안에 작은 또랑을 만들어 흘러가게 만든 것이다. 처음에 누군가 시골 향수를 생각하며 제안했을 것이다. 아마도 처음부터 모든 사람들이 의견 일치를 보고 행동으로 옮기지는 않았을 것이다. 그러나 지금 한옥마을 중심에 또랑이 생겨 물이 흐르고 있다. 이것이 바로 시너지의 힘이다. 기존의 발상을 뒤엎고 새로운 한 가지를 보탰을 때 가치가 점프하는 것이 시너지의 힘인 것이다.

프로 마인드를
가져라

프로와 아마추어의 차이는 무엇일까?

'프로는 추워도 춥다고 하지 않고 아마추어는 추우면 아마〔per-haps〕추어〔cold〕의 합성어이기 때문에 항상 춥다고 하지 않을까?'

모든 사람들이 아마추어로 시작한다. 하지만 일정 시간이 지나면 프로와 아마추어는 점점 더 간극이 벌어진다.

프로가 되는 비결은 무엇일까?

프로가 되기 위한 자질은 무엇이 있을까?

시간은 한정되어 있다.

그러나 대부분의 사람들은 많은 욕심을 낸다. 나도 마찬가지지만 조금은 버겁다는 느낌을 가지면서도 이것저것 도전한다. 유한한

비빔밥 시너지 · 융합

시간에 직장을 다니면서 프로가 되기 위해서는 어떻게 해야 할까?

선택과 집중·몰입이 해답이다.

프로가 되자.

프로가 된 사람들의 삶을 연구하는 노력을 해보자.

나는 몰입하고 있는가?

많은 시간을 할애하고 있는가?

대부분의 시간을 연구하고 상상하면서 개선하기 위해 노력하고 있는가?

멀리가 아니라 주위만 둘러보더라도 자기고유의 영역을 넓혀가면서 최고의 길을 걷고 있는 분이 많이 있을 것이다.

이 분들은 결단을 내리고 난 뒤 바로 행동으로 옮긴 분들이다. 결단을 내리고 행동으로 옮기지 않는다면 무슨 소용이 있겠는가?

결단을 내렸으면 머뭇거리지 말고 행동으로 즉시 옮겨야 한다.

행동으로 옮기되 지속성이 없으면 실패로 이어질 것이다.

변함없이 지속적인 행동으로 옮길 수 있는 능력이 성공과 실패의 차이를 만든다. 성공과 실패는 백지 한 장 차이이거늘 무엇을 망설이는가?

결단을 내렸으면 행동으로 옮기고 한번 행동으로 옮긴 것은 끝장을 본다는 마음가짐으로 하루하루를 지속한다면 확실한 성취감을 맛볼 수 있을 것이다.

누구나 성공을 갈망한다.

또한 내가 내린 결단을 완수하길 바란다. 하지만 중도에 멈추고 포기하는 이유는 무엇인가?

열정이 부족하기 때문일까? 아니면 신념이 부족해서일까? 아니면 명확하고 구체적인 비전 설정이 되지 않아서일까?

힘들고 어려울 때 자신을 보듬어줄 수 있고 자신을 사랑할 수 있는 마음의 여유가 생기지 않는다면 지속적인 행동의 방해물이 계속 출현할 것이다.

들에 핀 자연 속에서 우리는 무엇을 느끼는가?

나무와 풀 등 온갖 삼라만상의 생물들을 유심히 살펴보라.

적당한 햇볕과 공기, 그리고 비와 습기 등이 성장의 필수요소이다. 만약 한 가지라도 부족하다면 성장의 저해요인으로 작용할 것이다.

우리 인간의 경우도 마찬가지다.

결단을 행동으로 옮기다 보면 중간중간에 말로 표현할 수 없는 돌발사태와 어려움이 끊임없이 나타날 것이다.

그럼에도 불구하고 적절한 독서와 운동, 그리고 사회활동 등을 통한 신체적·정신적·영적·사회적·감정적 분야를 두루두루 섭렵하게 되면 성장의 중요한 동인이 될 수 있다.

프로가 되는 길이 쉽지는 않을 것이다.

하지만 내가 원하는 목표를 구체적이고 명확하게 그릴 수 있고 상

상할 수 있으면서 적절한 영양분과 산소를 공급할 수 있는 능력이 있
으면 프로가 되는 길도 성취하기 힘든 이야기로 들리지는 않을 것
이다.

에너지 플러스 에너지
시너지

간절하지 않으면 꿈꾸지 마라. 간절히 바라면 반드시 이루어진다. 하지만 그 간절함이 분명하지 않으면 안된다. 막연한 간절함이 아닌 반드시 이렇게 하고 싶다, 이렇게 되지 않으면 안된다라는 의지와 다짐이 분명한 간절함, 먹고 자는 것을 잊을 정도로 간절하게 바라면, 어느 순간 불현듯 자기도 모르게 놀라운 힘을 발휘한다.

이나모리 가즈오가 지은 ≪왜 일하는가≫에 있는 내용이다. 간절함이 에너지를 분출하게 한다. 간절함이 비전을 빛나게 한다. 그냥 비전을 정하는 것이 아니라 간절함이 수반될 때 비전은 살아서 춤추는 것이다. 간절함이 수반될 때 비전을 향한 에너지가 폭발하는 것이다. 간절함에서 뽑아 올려진 에너지가 다른 에너지와 결합하여 시너지가 발생한다. 다른 에너지는 자연과의 교감이나 사람들과의 만남, 책을 읽으면서 얻는 지혜 등이 해당된다. 우리는 에너지 속에서 숨쉬고 움직이고 생활하고 있다. 에너지와 에너지가 결합을 하게 되면 더 큰 에너지가 생긴다. 에너지와 에너지가 결합하여 더 큰 에너지가 될 때 시너지 효과는 배가 되는 것이다.

당신이 간절히 원하는 것은 무엇인가? 간절히 원하는 것을 정하라. 하루 이틀 한 달이 걸려도 좋다. 정말로 간절하게 이루고 싶은 것이 열쇠이다. 당신 내면 속으로 들어가 당신 자신과 끊임없는 대화를 시도해야만 알아낼 수 있다.

멈추지 마라. 간절히 원하는 것을 찾을 때까지!

간절함이 수반된 비전은 에너지를 내뿜는 삶의 윤택함을 가르는 열쇠가 에너지이기 때문이다. 에너지는 또 다른 에너지를 양산한다. 에너지는 또 다른 에너지를 가속화시켜 당신이 하고 있는 일이나 사업의 시너지 역할을 할 수 있기 때문이다. 당장 오늘부터 간절함이 수반된 당신의 목표를 찾아라. 찾는 순간 이전과 다른 자신감과 용기가 생기며 시너지를 내는 사람이 될 것이다.

내 인생의 **전환점**
카네기 인간관계론

내 인생에서 제일 힘들 때 책을 접하게 되었다. 그것도 아주 우연히 들른 서점에서 나의 눈길을 사로잡은 책이 있었다. 읽고 또 읽었다. 단숨에 읽기도 했고 반복해서 읽기도 했다. 서너 번이 아니라 수십 번을 읽고 또 읽었다. 한 줄 한 줄 줄을 긋고 형광펜으로 표시하고 접기를 반복했다. 그러기를 10년 동안 반복하니 어느덧 그 책은 나와 하나가 되었다. 나를 책 속의 여행으로 초대한 그 책을 만나서 나는 행운아라고 생각한다. 그 책을 통해서 나는 조금씩 변화하고 성장했다. 나의 동반자가 되기도 하고 꾸중을 하기도 하고 지식과 지혜를 선물하기도 했다. 그 책은 ≪카네기 인간관계론≫ 이다.

나는 사막에서 오아시스를 만난 것처럼 ≪카네기 인간관계론≫을 만났을 때 설레고 흥분되었다. 책 한 권의 힘이 이런 것이다. 책 한 권의 힘을 어찌 과소평가할 수 있겠는가? 책 한 권이 사람을 살리기도 하고 책 한 권이 가슴을 뛰게 하기도 한다. 책 한 권이 삶의 이정표가 되기도 하고 에너지원이 되기도 한다.

시너지는 새로운 것과의 만남이다. 시너지는 만남이 전제되어야 한다. 사람과 사람이 만나 시너지를 낼 수도 있고 기발한 아이디어와의 만남이 시너지를 낼 수도 있다. 자연 속에 존재하는 모든 것이 시너지 대상이다. 우리 주위에 있는 사람 또는 사물, 동물이나 식물 등 모든 것이 시너지 대상이 될 수 있다. 하지만 중요한 것이 있다. 시너지의 주체는 자신이 되어야 한다. 자신이 중심이 되는 것이 우선이다. 자신만의 의지와 힘이 있을 때 다른 것과의 융합 속에서 시너지가 발생하는 것이다.

시너지를 내게 하는 대상을 일일이 열거할 수는 없다. 다만 시너지를 내게 하는 가장 소중한 것 중의 하나가 책이라고 생각한다. 한 권의 책과의 만남으로 인생이 달라질 수 있다. 한 권의 위대한 책과의 만남이 전환점이 될 수가 있다.

《먼나라 이웃나라》를 저술한 이원복 덕성여대 석좌교수는 35년을 몰입하여 이 책을 출간하였다.

무엇이 이원복 교수를 35년 동안이나 몰입하도록 이끌었을까?

미술을 전공한 교수가 어떻게 만화를 생각하였을까?

≪먼나라 이웃나라≫하면 떠오르는 단어가 만화다. 신문에 연재한 만화로 시작해 이토록 오랫동안 독자들의 사랑을 받는 이유가 무엇일까?

이원복 교수가 독자들을 배려하는 따뜻한 마음이 있어서일 것이다. 글로 된 책으로 내지 않고 만화로 낸 것은 아이들이 많이 읽기를 원하는 따뜻한 마음의 발로이다. 그리고 아이들을 위하는 마음에 각 나라에 가서 밥품을 팔며 직접 경험하고 체득한 자료들을 토대로 글을 쓰고 만화와 조합을 했기에 가능한 일이었을 것이다. 만화와 글과 각 나라의 특색있는 문화의 기막힌 조합이 독자들을 설레게 만든 원동력이었다.

이것이 시너지의 힘이다. 한 곳을 응시하고 한 곳을 지긋이 바라보면서 새로움을 창조하는 것이 시너지의 핵심이다. 이원복 교수는 시너지형 인간이다. 이원복 교수는 시너지의 힘을 알고 있다. 결합과 융합이 어떤 결과를 나을지 알고 있었던 것이다. 시너지는 두 개, 세 개가 만나서 수학적으로 계산이 되기도 한다. 또한 시너지는 수학적인 산식을 뛰어넘어 탁월함을 산출한다. 시너지는 우리가 믿을 수 없을 정도로 굉장한 결과를 만들어낸다. 진정한 결합과 융합은 몇 배 뿐만 아니라 몇 십배, 몇 백배, 몇 천배의 결과를 낳는 것이다. 더군다나 두 가지, 세 가지가 만나 결합과 융합이 발생하면서 주체인 자신의 애정과 따뜻함까지 더해진다면 효과는 더욱더 상상을 초월할 것이다.

필자도 독자이면서 책을 쓰는 저자이니 이제는 한 곳에 몰입하려한다. 이원복 교수가 35년 동안 ≪먼나라 이웃나라≫에 몰입하였듯이 한 가지 주제를 가지고 앞으로 집중·몰입하고 싶다. 그 한 가지를 몰입하다 보면 새로운 것을 많이 만들어낼 수 있을 것이라고 확신한다.

벌써부터 기대가 된다. 깊이 파보리라. 깊이 연구하고 조사하고 지경을 넓혀 보리라. 내가 정한 주제에 대해서 많은 전문가들을 만나고 많은 책들을 섭렵할 것이다. 내 안에서 스스로 지식과 지혜와 통찰이 묻어 나올 때까지 아주 깊숙이 체험해볼 것이다. 아주 깊숙이 파내려가면서 시너지의 진정한 효력을, 시너지의 진정한 힘을 느껴볼 것이다.

전주비빔밥

송하진

전주에 한 번 와보시게

올 때는 설레는 가슴 꼬옥 보듬고 오시게

우리네 살았던 그 시절의 맛, 에서 느껴 보시게

절구질로 쌀 한 되, 소머리 고아낸 물 아시기나 하는가

아삭이는 콩나물이며 오방빛깔 가지가지 나물들

산과 들이 함께 담겨 있다네

모두모두 함께 하니 골동반(汩董飯)이라

누구는 화반(花飯)이라 했다지

정히 앉아 한바탕 비벼보세

비비고 비비니 즐겁지 않은가

섞이고 섞이니 아름답지 않은가

온몸을 휘감는 맛

세상살이 맛이 나지 않는가

이건 격조(格調)네

아름다운 세상에 사는 사람들의 격조야

비빔밥은 비벼야 제맛이 난다. 비빔밥은 비벼야 가치가 올라간다. 따로따로 떨어져 있을 때는 각자의 빛깔과 맛을 뽐내기도 하지만 일단 섞이면 나를 내려놓아야 한다. 숨을 죽여야 한다. 진정으로 나를 내려놓을 때 하나가 될 수 있다. 각자가 가지고 있는 달란트를 간직하고 있으되 절대로 드러내놓지 않고 하나가 되어야 한다. 하나가 되고자 하는 의지가 강할 때 제대로 섞일 수가 있다. 제대로 섞이고 버무려져야 비빔밥은 제맛이 난다. 각자의 맛과 더불어 섞였을 때 우리에게 색다른 맛을 제공한다.

당신이 하고 있는 일의 현주소를 진단해보라. 지금 하고 있는 일을 그대로 가져갈 것인지 아니면 무엇인가 새로운 것과 조합을 이룰 것인지를 생각해보라는 것이다.

지금은 섞고 버무려야 한다. 여기에 융통성과 유연성도 있어야 한다. 융통성과 유연성이 있으려면 새로운 것과 결합을 해야 한다. 지금부터 당신 주위를 둘러보라. 현재 당신이 하고 있는 일과 무엇을 융합할 것인지를.

시너지를 내고 싶은가? 지금 하고 있는 일의 성과를 높이고 싶은가? 무언가 지금 하고 있는 일에 전환점을 마련하고 싶은가? 그렇다면 융합을 해야 한다.

기존에 없는 것을 새롭게 창조하라는 말이 아니다. 기존에 존재하고 있는 것들 중에서 지금 하고 있는 일과 무엇을 융합하면 시너지 효과가 날 것인지를 고민하라는 것이다. 대상을 한정 짓지 말라. 그 무엇이라도 융합의 대상이 될 수 있다. 비벼서 버무려서 색다른 맛을 낼 수 있는 것이라면 무조건 좋다. 시너지의 본질은 융합이다. 새로운 것을 섞는 작업이다. 새로운 것을 섞어서 가치가 올라가면 된다. 지금부터 눈을 부릅뜨고 섞기를 시도하라. 이것도 섞어보고 저것도 섞어보고 수많은 조합을 펼쳐보라. 이것저것 섞다보면 기막힌 융합의 대상을 발견할 것이다. 당신이 지금 하고 있는 영역에만 한정 짓지 말라. 당신이 하고 있는 일의 틀을 깨고 멀리 바라보라. 주위에서 말도 안된다고 하더라도 시도해보라. 주위에서의 따가운 시선과 눈초리가 당신의 새로운 10년 밥벌이로 재탄생할 수도 있다.

완주군처럼 시너지를 내라

- 왜 기업체나 지방자치단체에서 완주군을 주목하는가?

- 국내뿐만 아니라 해외에서까지 완주군을 찾는 이유는 무엇인가?

- 무엇이 완주군을 이렇게 변화하도록 만들었는가?

- 완주군이 최고가 된 핵심은 무엇인가?

- 무엇이 완주군을 시너지를 내도록 만들었는가?

- 딱 한 가지만 든다면 무엇이 완주군을 대한민국 최고로 만들었는가?

- 다른 곳과 차별화된 요소는 무엇인가?

'완주군에서 운영하는 SNS 서포터즈에 가입하고 있어요. 그래서 주기적으로 완주군에서 개최하는 행사에 초대되어 완주군에서 하는 시스템을 배우고 있어요. 창원에서 많은 공공단체 및 기업에서 강의를 하고 있는데 특히 농촌에서 벌어지는 변화에 주목하고 있어요. 앞으로 어떻게 하면 농촌에 있는 사람들에게 풍요로움을 선사할 수 있을지가 주 관심사 중의 하나거든요. 그래서 대한민국 최고의 지자체로 선정된 완주군을 벤치마킹하고 있어요. 지자체의 입장이 아니라 한 개인이자 강사의 입장으로 도대체 어떻게 했길래 많은 사람들이 완주군을 찾는지 궁금하고 그래서요. 농민들의 삶의 질이 향상되고 농민들이 저절로 미소짓게 한 동인이 무엇인지 무척 궁금했거든요. 금방 알 수는 없겠지만

비빔밥 시너지 · 융합

지속적으로 방문을 하다 보면 무언가 답이 찾아지겠지요.'

창원에서 활발하게 교육 사업을 하고 있는 이미영 대표의 이야기이다. 창원에서 자기경영연구소를 운영하는 이미영 대표는 SNS 활용·스마트폰 활용법·커뮤니케이션 등의 분야에서 강의를 하는 최고의 강사이다.

그런 그녀가 종종 완주군을 찾는다. 완주군을 찾는 이유는 완주군이라는 농촌에서 벌어지는 다양한 시스템이 이미영 대표를 유혹하기 때문이다. 그녀는 힘을 주어 이야기한다.

완주군에서 운영하는 SNS 서포터즈에 회원으로 가입해서 주기적으로 완주군을 방문하기로 했다고 한다. 앞으로 완주군에 와서 배울 점이 수두룩하다고 한다. 그냥 멀리서 보면 아무것도 보이지 않는다고 한다. 그냥 겉만 볼 수 있지 실제로 일어나는 내부의 진정한 보물을 볼 수 없다고 한다. 앞으로 계속 완주군을 찾아와서 많은 것을 배우고 싶다고 한다. 그리고 완주군에서 배운 시스템을 창원에 접목하고 싶다고 한다.

그냥 보고 스치는 것이 아니라 배움에 목적을 두고 있고 창원에 있는 농민들의 삶의 질 향상에 초점을 맞추고 있기에 이미영 대표는 분명 멋진 일을 전개할 수 있으리라. 이미영 대표의 비전을 응원한다. 분명 그녀는 창원에서 새로운 이정표를 만들어 새로움과 풍요로움을 농민들에게 선사할 수 있으리라 확신한다.

도대체 대한민국 전라북도 완주군에서 어떤 일이 벌어지고 있을까?

완주군에서 무엇을 하고 있길래 대한민국 뿐만 아니라 해외에서 관심을 받고 있는 걸까? 기업 및 지자체에서 왜 완주군에 열광을 하고 벤치마킹의 대열이 끊이지 않고 있는가?

도대체 완주군을 시너지를 내도록 한 동인이 무엇인지 '시너지를 찾아 떠나는 여행'을 한번 해보자.

전라북도 완주군은 인구 8만 5천 명의 도농복합 도시이다. 인근 65만 명 전주시의 배후 도시이기도 하다. 완주군은 기업하기 좋은 도시 전국 1위로 선정될 만큼 산업인프라가 잘 갖추어져 있는 지자체이기도 하다. 8만 5천 명의 작은 군에서 어떤 일을 전개했기에 많은 사람들이 완주군을 주목하고 있는가?

'완주군 지역주민을 지역 활성화 사업의 주체로 세우고 행정과 주민이 쌍방향으로 소통하는 전략을 추진하게 된 게 로컬푸드였습니다. 로컬푸드로 '매월 150만 원 월급받는 농부 3000명 만들기'에 도전했죠. 상설 직매장을 중심으로 생산자와 소비자가 모두 행복한 관계시장을 창출했죠. 로컬푸드 추진 전략 속에는 정책 대상과 목표, 생산, 유통뿐만 아니라 추진조직 육성과 조례 제정까지 포함했습니다.'

2013년 10월 30일 서울 아시아 미래포럼을 마치고 전북일보와 인터뷰를 한 임정엽 완주군수의 이야기다.

비빔밥 시너지 · 융합

임정엽 완주군수는 '2013 아시아 미래포럼'에서 '도시와 농촌을 잇는 지속가능한 협동경제 모델, 커뮤니티비즈니스 방식의 로컬푸드 활성화 사례'를 발표했다.

완주군의 사례에 관한 전북일보 신문 내용과 아시아 미래포럼에서 발표한 주요 내용, 그리고 완주군 관계자를 만나 이야기를 나누면서 완주군의 성공 요인이 무엇인지 쉽게 알 수가 있었다. 오늘의 완주군을 대한민국을 넘어 해외에서까지 열광하게 하는 핵심이 '로컬푸드'였던 것이다.

로컬푸드의 구상은 단순하다. 전주 65만 명 시민과 완주군 3,000여 가족 소농을 연결하는 것이었다. 즉 생산과 소비 양측의 목마름, 즉 사회적 필요에 주목한 것이다.

완주군을 시너지를 내도록 한 한 가지가 바로 '로컬푸드'의 성공적인 안착이었다. 로컬푸드를 도입하고 난 뒤에 완주군에 어떤 시너지 효과가 발생했는지 간단히 알아보기로 하자.

첫째, 신뢰에 기초한 관계시장이 생겨났다. 월평균 150만 원을 버는 월급 받는 소농 1,000여 명이 생겨났고 연간 100만 명의 소비자가 직매장을 찾는 생활의 일대 혁신이 일어나고 있는 것이다.

이는 곧 예측가능한 생산과 소비의 확대, 즉 도시와 농촌간 협동경제의 선순환을 의미한다.

둘째, 지역 농민의 자신감과 자긍심이 높아졌다.

지역신문에 대문짝만하게 기사와 얼굴이 실리기도 하고, 난생 처음 자기통장을 갖게 된 할머니 표정이 너무 행복해 보인 것이다. 노인 분들이 역할이 있어 대접받고, 자존감을 살려주는 것은 복지의 핵심이지 않겠는가?

셋째, 로컬푸드가 활성화되면서 지역 내 다양한 사회적 경제조직의 자립과 활력이 높아지고 있다.

10개의 두레농장, 100개의 마을공동체회사, 40개의 CB(Community Business) 공동체회사가 로컬푸드와 수평적으로 연계되면서 양질의 일자리와 소득, 사회관계망, 지역경제순환 효과가 생겨나고 있다.

이것이 바로 시너지의 힘이다. 한 가지가 답이다. 한 가지가 핵심이다. 한 가지를 선택 · 집중 · 몰입하니 시너지 효과가 배가 된 것이다.

기업이나 지자체뿐만 아니라 개인들도 주목하는 완주군을 보고 과연 무엇이 나를 시너지를 나게 할 수 있을지 곰곰이 생각해보자. 나는 무엇을 주목할 것인가? 나는 어떤 것을 선택할 것인가? 기업도 마찬가지다. 지자체도 마찬가지다. 그냥 일회성으로 와서 바라다볼 것이 아니라 완주군에서 어떤 일이 벌어지고 있는지 깊숙이 관찰을 해보자. 그러면 분명 완주군이 '로컬푸드'에서 시너지를 내었듯이 각자의 영역에서 시너지를 낼 수 있는 대상을 찾는 아이디어를 얻을 수 있을 것이다.

비빔밥 시너지 · 융합

한국 카네기 연구소
최염순 대표처럼 시너지를 내라

'나는 세계 최고의 성공 동기부여가라는 이미지를 갖고 있다고 자부한다. 이를 실현시키기 위해서 아침부터 큰소리로 외친다.'

'나는 프로다. 나는 최고다.'

거울을 보면서 최고의 성공 동기부여가로서의 이미지를 분명하게 그린다. 명상을 하면서 자기 이미지를 강화시킨다. 목표를 구체적으로 세워 열정적으로 하나씩 실행해 나가고 있다. 강연을 할 때도 열정적으로 나를 청중에게 소개한다.

'성공을 원하십니까? 많은 분야에서 최고를 염원하십시오. 최고를 염원하는 순수한 사나이 최염순입니다. 성공을 드리는 성공의 사나이, 열정을 드리는 열정의 사나이 최염순입니다.'

내 이미지를 청중들에게 파는 것이다. 성공 동기부여가로서의 모습과 능력을 심어주는 것이다. 열정적으로 재미있게 일을 할 수 있는 것은 내가 그린 나의 이미지 덕분이 아닐까? 여러분은 자신을 어떻게 생각하고 있는가? 만나는 사람들에 대해 어떤 이미지를 갖고 있듯이 다른 사람이 자신을 어떻게 생각하는지 생각해보라. 끊임없이 자신감 넘치는 자기 이미지를 확립하고 팔아라.

한국 카네기 연구소 최염순 대표가 쓴 ≪카네기 인간경영리더십≫

에 나와 있는 내용이다. 최염순 대표는 대한민국 최고의 존경받는 리더이다. 무에서 유를 창조한 장본인이다. 오래전 힘들고 어려울 때 최염순 대표는 미국으로 건너가서 카네기 교육을 전수 받았다. 영어로 진행되는 교육이 힘들었을진대 사람들을 돕고 싶은 강한 열망에서 모든 어려움을 꾹 참아낸 것이다. 그는 열정적으로 교육을 마치고 대한민국에 카네기 프로그램을 처음 도입하였다. 그의 헌신적인 노력과 열정 덕분에 우리나라 전국에서 많은 리더들이 프로그램을 수강하고 있다. 물론 나도 카네기교육을 받고 카네기 강사가 되었다. 카네기 강사 교육을 받으면서 최염순 대표와 첫 만남을 가졌다. 벌써 10년 정도 알고 지내는 사이가 되었지만, 최염순 대표의 강점은 처음처럼 똑같다는 것이다. 초심을 잃지 않고 원칙중심의 인간경영 리더십을 전파하고 있다. 주위의 CEO, 리더들이 최염순 대표를 존경하는 이유이다. 항상 밝은 미소를 짓고 상대방을 배려하고 도움을 주는 서번트 리더십의 전형적인 리더이다.

최염순 대표의 시너지의 원천은 무엇이라고 생각하는가? 최염순 대표의 선한 공헌 마인드가 대한민국의 CEO와 리더들에게 긍정적인 에너지원으로 작용하고 있다. 우리나라 말이 아닌 영어로 진행된 프로그램을 미국에서 받으면서 얼마나 힘들었을까? 그냥 단순히 교육을 받는 것에서 그치지 않고 국내에 도입하기 위해 피나는 노력과 연습을 하였을 것이다. 보고 또 보고 연습하고 또 연습하고 얼마나 많은 시간을 투

비빔밥 시너지 · 융합

자하였을까? 최염순 대표를 다시 만나면 그때의 이야기를 들어보아야 겠다. 무엇이 최염순 대표를 그렇게 힘든 여정을 선택·집중·몰입하게 하였는지를 꼭 물어보고 싶다.

시너지의 힘은 이런 것이다. 시너지의 효과는 미리 예단할 수 없다. 시너지 임팩트는 강하다. 시너지는 경영의 요체이다. 시너지는 우리에게 필수 도구이다. 어떻게 하면 시너지를 낼 수 있을까를 끊임없이 묻고 대답하는 연습을 해야 한다. 그래서 한 가지를 선택해야 한다. 한 가지를 선택하고 나면 밀어부쳐야 한다. 힘들더라도 앞으로 나아가야 한다. 흔들리지 않고 피는 꽃이 어디 있겠는가?

봄·여름·가을·겨울의 사계절을 음미하면서 자연 속에서 답을 찾아야 한다. 자연은 우리에게 넌지시 속삭인다. 봄에 씨앗을 뿌리라고 힘들어도 꼭 뿌리고 또 뿌려야 한다고, 여름에는 소통을 해야 한다고 속삭여야 한다고 말을 걸어야 한다고, 가을에는 거두어 들여야 한다고 함께 어울려야 한다고, 겨울에는 쉼이 필요하다고 감사해야 한다고 속삭인다. 사계절의 자연 속에 우리는 답을 찾을 수가 있다. 시너지의 답을 찾아낼 수가 있다. 사람을 만나든 자연을 대하든 우리는 스치고 지나치지 말아야 한다. 들여다보는 연습을 해야 한다. 깊이 들여다보고 관찰하는 연습을 해야 한다.

최염순 대표는 무에서 유를 창조했다. 카네기 프로그램을 그냥 스치고 지나간 것이 아니라 대한민국에 가져와서 많은 사람들에게 도움을 주고 공헌하고 싶은 마음을 견지한 것이다. 처음부터 지금까지 그는 그 약속을 지키고 있다. 지금도 더욱 열심히 초심을 잃지 않고 강의를 하고 코칭을 하고 있다. 사람들은 최염순 대표를 만나면 행복해진다. 마음이 편안해진다. 그리고 힘이 난다. 왜냐하면 그는 사람들을 위해 주기 때문이다.

잠깐 시간을 내서 나를 돌아다보자. 지금 내가 하고 있는 일 속에서 새로운 것을 찾아보자. 나는 무엇을 보고 있는가? 나는 무엇을 스치고 지나고 있는가? 나는 지금 무엇을 고민하고 있는가? 나는 지금 무엇을 연구할 것인가? 계속 질문하다 보면 분명 무엇인가 하나쯤은 잡히는 것이 있을 것이다. 그것이 무엇이든지 한번 몰입해보자. 중도에 포기하지 말고 끊임없이 단련해보는 연습을 해보자. 시너지의 강력한 파워를 신뢰하고 확신하면서 해보자.

비빔밥 시너지 · 융합

SYNERGY

PART 2

여름

삼겹살 시너지
소통(Communication)

사람이 답이다, 소통의 시너지

좋은 **커뮤니케이션**을 위한
소통 자격증

시너지를 내려면 소통을 해야 한다. 소통이 이루어지지 않는다면 무엇을 기대할 수 있겠는가? 소통하려면 내가 먼저 다가서야 한다. 나를 내려놓아야 한다. 나를 진정으로 낮추어야 한다. 소통의 전제는 겸손함이다. 겸손함이 신뢰를 낳는다. 신뢰는 소통의 전제조건이다. 신뢰감이 쌓이면 소통의 물꼬가 트인 것이나 다름없다. 시너지는 막혀 있으면 창출될 수 없다. 원활하게 돌고 돌아야 한다. 원활하게 소통이 될 때 진정한 시너지가 창출될 수 있다.

원활한 소통을 위해서는 소통 자격증을 취득해야 한다고 생각한다. 기본적인 공부를 해야 한다는 것이다. 자격증이 없으면 소통을 이야기할 자격을 박탈해야 한다. 소통 자격증이 거창한 것은 아니다.

기본적인 자격 - 상대방을 배려하는 마음, 적극적인 경청, 공감을 일으키는 언어 사용 등 - 을 갖추어야 한다는 것이다. 기본에 충실해야 소통이 이루어진다. 전문적인 지식을 갖추고 어려운 이야기를 한다고 해서 소통 자격증이 주어지는 것이 아니다.

나는 대학교 다닐 때에 영어동아리 모임인 타임반 회장을 하였다. 회장을 하면서 가장 힘든 것은 사람들 앞에서 말하는 것이었다. 회장을 하고 있었기 때문에 말을 안할 수는 없어서 짧게 한마디씩만 했던 기억이 난다. 그리고 대학 졸업 후 은행을 다니게 되었다. 어느 날인가 정확히 기억이 나질 않지만 은행장님이 나에게 질문을 하셨다. 잘 아는 내용이었지만 내성적인 성격 탓에 잠깐 든 두려움이 아무말도 못하게 만들었다.

지금도 대학교 때와 은행장님이 질문했던 때를 생생하게 기억한다. 그 일이 있은 뒤부터 공부를 하기 시작했다. 무척 열심히 했다. 카네기 강사를 하고 CEO들을 대상으로 몇 년 동안 강의를 하기도 했다. 성공하는 사람들의 7가지 습관 퍼실리테이터가 되기도 했다. 라이프 코칭을 공부하고 은행에서 CS 강사에 도전하기도 했다. 2002년부터 '리더스클럽'이라는 독서토론을 만들어 지금까지 모임을 주도하고 있기도 하다. 리더스클럽을 13년 정도 하면서 책도 원 없이 읽었다. 학교 공부에 아쉬움이 남아 경영학으로 박사학위까지 받았다.

최근에는 NLP 공부를 했고 리더스클럽에서 주최하는 리더스지식

경영포럼 및 리더스 문화나눔 콘서트를 진행하고 있다. 그리고 리더스아카데미를 통해서 강의를 하기도 한다. 이런 일련의 활동들은 소통을 시도하기 위한 노력이었다. 대중 앞에서 말하기가 너무 힘들었던 나는 간절함이 있었다. 사람들과 진정으로 소통하기 위해서는 내 자신이 먼저 변화하고 준비를 해야 한다는 깨달음이 있었다. 그래서 10년 이상 미친 듯이 소통을 위한 자격증을 취득하기 위해 많은 노력을 기울였다. 아직도 부족하다고 생각한다. 그래서 앞으로도 더욱 배움에 정진할 것이다. 소통 자격증을 취득하기 위한 나의 작업은 계속될 것이다.

소통은 한마디로 공감대를 형성하는 것이다. 공감대를 형성하려면 내가 먼저 다가서고 먼저 말을 걸고 먼저 칭찬을 하고 먼저 겸손함을 유지하면서 상대방을 배려해야 한다. 소통은 한마디로 신뢰가 수반되어야 하는 것이다. 신뢰가 쌓이면 소통은 원활하게 이루어질 수 있다. 결국 소통이 되면 공감대가 형성된 것이고 신뢰가 형성된 것이라고 할 수 있다. 그래서 소통이 되면 당연히 시너지가 창출되는 것이다. 서로 통하고 서로 공감하고 서로 신뢰하는데 시너지가 안날 리가 있겠는가? 시너지를 내려면 소통하기 위한 노력을 게을리 하지 말아야 한다. 시너지를 내려면 지속적으로 소통하기 위해서 분주하게 움직여야 한다. 진정한 소통은 말뿐이 아닌 가슴으로 느껴야 하기 때문이다.

외국인과 소통을 하기 위해서는 무엇을 해야 하는가? 우선 그 나라의 언어를 배워야 한다. 언어를 배우면서 그 나라의 역사나 문화를 공부하는 것도 소통을 하기 위한 유익한 방법이 될 수 있다.

도덕경에 이르기를 '去去去 中知, 行行行 裡覺(거거거중지, 행행행리각) : 가고 가고 가는 중에 알아지고, 행하고 행하고 행하면 어느새 깨달아진다'라고 했다. 소통을 위한 최고의 방법은 먼저 한 발 앞으로 내딛는 것이다. 내가 먼저 다가가고 시도하는 것이다. 내가 먼저 상대방을 향해 실행하는 것이다.

좋은 커뮤니케이션이 소통의 지름길이다. 오늘부터 착한 커뮤니케이션을 하기 위해서 노력을 하자. 좋은 커뮤니케이션과 착한 커뮤니케이션이 소통의 지름길이자 시너지의 원천이 되는 것이다. 시너지를 내고 싶은 CEO나 리더들이 있다면 먼저 착한 커뮤니케이션을 작동시켜 진정한 소통을 하기 위해 노력해야 한다.

책으로 소통하라

사람이 책을 만들고 책이 사람을 만든다.

독서는 충만한 인간을 낳고,

논의는 준비된 인간을 낳으며,

글을 쓰는 것은 완전한 인간을 만든다.

책이 사람을 만든다고 하지 않는가?

독서가 충만한 인간을 만든다고 프란시스 베이컨도 이야기하였다.

책이 사람을 만든다는 것은 참된 성품을 이야기하는 것이다.

독서가 충만한 인간을 만든다는 것은 독서를 통해 풍요로움과 여
유로움을 수반한 정신적인 성숙을 선물한다는 의미가 담겨 있는 것
이다.

책이 옆에 있고 책을 좋아하고 책을 사랑하게 되어 독서를 즐겨한다면 마음이 풍성해진다.

책을 읽는다는 것은 소통을 준비하는 것이다. 책이 사람을 변화와 성장으로 이끌기 때문이다. 책이 사람에게 풍요로움과 힘을 주기 때문이다. 책이 상대방을 배려하도록 하는 길잡이를 하기 때문이다. 링컨이 말하길, 사람은 자기가 마음먹은 만큼만 행복하다고 하지 않았던가? 우리는 책을 읽은 만큼 소통할 수가 있다. 책이 소통의 열쇠가 될 수 있다.

내가 한계라고 정하고 있는 나만의 틀 나만의 고정관념 속에서 갇혀 있는 것을 벗어나도록 하는 동인이 되는 것은 아마도 독서의 가장 강력한 힘 중의 하나이다.

세일즈의 달인 프랭크 베트거가 ≪실패에서 성공으로≫라는 그의 저서에서 한 말이다.

프랭크 베트거의 말에 전적으로 공감한다. 나만의 틀과 고정관념을 깨고 앞으로 나아가는 것은 도전이다. 당신의 도전을 가능하게 하는 것은 독서를 통해서이다. 책이 당신을 앞으로 나아가게 한다. 책이 당신에게 힘을 준다. 책이 당신을 깨어 있게 한다. 책이 당신을 겸손하게 한다. 책이 당신을 변화하고 성장하도록 이끈다. 책은 당신을 소통으로 이끄는 연결고리 역할을 하는 것이다. 책이 소통의 윤활

삼겹살 시너지 · 소통

유 역할을 한다. 소통이 되지 않으면 책 속에서 지혜를 얻어야 한다. 소통이 되지 않는다면 책 속에서 답을 찾아야 한다.

세종대왕은 책으로 소통을 시도했다. 세종대왕은 책을 읽고 토론하는 문화를 정착시켰다. 집현전이라는 장을 만들어 사람들이 책을 읽고 서로 토론하는 문화를 조성한 것이다. 책을 읽고 토론을 나누다보니 서로 소통하게 되어 시너지를 낸 것이다. 책을 통해서 집현전을 통해서 세종대왕 시절에 창출된 시너지는 무궁무진하다. 대한민국의 보물 훈민정음 창제가 이루어졌고 숫자로 셀 수 없을 정도의 여러 가지 위대한 작품이 탄생한 것이다.

조선시대에 '집현전'이 있었다면 현재 대한민국에는 '리더스클럽'이 있다. 리더스클럽은 독서토론 모임으로 2002년 9월에 시작이 되어 13년째 이어지고 있다. 리더스클럽에는 다양한 사람들이 오고간다. 리더스클럽이라는 공간에서 책을 매개로 하여 서로 소통을 시도하는 것이다. 사람들을 통해서 새로운 목표를 갖기도 하고 사람들을 통해서 감동을 받기도 한다. 각자가 가지고 있는 달란트를 공유하고 발산할 수 있는 집현전이나 리더스클럽같은 소통의 공간이 많이 만들어졌으면 좋겠다. 그런 장소에 많은 사람들이 함께 하여 각자가 원하는 시너지를 이루었으면 하는 바람이다.

21세기에 가장 성공하는 기업은 학습하는 조직이 될 것이라고 하지 않던가? 그렇다면 21세기에 가장 성공하는 사람은 학습하는 사람이 될 것이란 말이다. 학습의 요체는 독서다. 책을 읽고 토론을 하는 문화가 경쟁력이 될 것이다. 책을 토론한다는 것은 나만의 틀 나만의 안전지대를 인식하고 과감히 앞으로 나아간다는 것이다. 책이 소통의 핵심 도구이자, 소통의 원천이다. 책을 통해서 소통을 시도하는 것이 시너지원이 되는 것이다. 시너지를 내려면 책으로 소통하자.

60년 동안 이루어진 꾸준함의 힘을 어찌 평가할 수 있겠는가?

나는 19살 때부터 〈뉴욕타임스〉를 읽기 시작했다. 그 후 나는 어디에 살든, 세계 어디에 가든, 심지어 그것을 사기 위해 며칠에 걸려 엄청나게 먼 거리를 가야 할지라도 아랑곳하지 않고 단 하루도 빠트리지 않고 〈뉴욕타임스〉를 읽었다. 이 문제에 관한 한 나는 마샬 맥루한의 말에 동의한다. 좋아하는 신문을 읽는 것은 따뜻하고 기분 좋은 목욕을 즐기는 것과 같다. 내게 있어〈뉴욕타임스〉를 읽는 것은 따뜻한 물에 몸을 담그는 것과 같다.

존 나이스비트의 ≪마인드 세트≫에 나와있는 내용이다.

엘빈 토플러와 함께 미래학의 양대산맥으로 불리는 ≪메가트랜드≫의 저자인 존 나이스비트로 하여금 시너지를 내게 한 원동력은 무엇이었을까? 그의 저서 ≪마인드 세트≫라는 책을 읽으면 존 나이

스비트로 하여금 최고의 시너지를 창출하도록 한 동인은 〈뉴욕타임스〉였음을 알 수 있다. 19세부터 읽기 시작해 80세까지 60년 이상 하루도 거르지 않고 뉴욕타임스를 정독한 것이다. 평범한 사람이 비범한 사람으로 재탄생할 수 있는 비결이 꾸준함이라고 하지 않았던가? 그는 평범함을 과소평가하지 않고 아주 중요한 보물처럼 매일 실천한 것이다. 매일 읽고 또 읽는데 그 지식이 어디로 가겠는가? 처음에는 대부분이 다 잊혀졌으리라. 그러나 계속 읽고 또 읽다보니 몸속에 체화되어 통찰력과 영감의 원천이 되었을 것이다. 왜 사람들이 그의 이야기를 듣기 위해 돈과 시간을 전혀 고려하지 않고 열광한다고 생각하는가? 그의 한마디에 개인이나 회사의 운명을 갈라 놓을 수 있는 힘이 있기 때문이다.

소통
시너지로 가는 징검다리

마늘이 그렇게 우리 몸에 좋은데 먹기가 불편하단 말이지. 그런데 왜 다른건 다 마시면서 마늘은 마시지 않는 걸까? 마늘은 마실 수 없는 걸까? 만약 마늘을 마실 수 있다면? 그런데 맵고 냄새가 나지 않는가. 그렇다면 냄새와 매운 맛을 제거하면 되지 않을까? 마늘 냄새와 매운 맛을 제거해서 마늘을 맛있게 마실 수 있게 한다?

'마늘을 맛있게 마실 수 있게 한다' 이것이 시너지의 힘이다. 이것이 한 가지에 몰입했을 때 떠오를 수 있는 아이디어이다. 그냥 막연하게 생각만 하는 것으로는 이런 아이디어를 생각해낼 수가 없다. 오늘도 내일도 모레도 아침에도 점심에도 저녁에도 길을 걸으면서 밥을 먹으면서도 화장실에서도 일을 하면서도 사람을 만나면서도 한

순간도 잊지 않고 한 가지 생각에 집중할 때 이런 아이디어가 생각나는 것이다. 이렇게 생각난 아이디어가 실행으로 옮겨져 새로운 제품으로 탄생할 때 그것의 효과는 산술적으로 평가할 수가 없다. 지속적으로 시너지를 내고 계속 샘솟는 시너지 샘물이 되는 것이다. 위의 사례는 천호식품의 김영식 회장이 쓴 ≪10미터만 더 뛰어봐≫에 있는 내용이다.

김영식 회장은 시너지 대상을 건강식품으로 정했다. 통마늘, 산수유, 도라지, 양파, 달팽이 등 우리 몸에 좋은 것들을 대상으로 마시는 것으로 둔갑을 시켜 시너지를 낸 것이다. 옛날부터 전해 내려오는 우리 몸에 좋은 모든 것을 타깃으로 선정하여 기존의 고정관념을 깨고 마시는 것으로 재탄생시킨 것이다. 한 가지를 집중적으로 생각하되 사람을 향한 따뜻한 마음이 스며들어갈 때 시너지 효과는 극대화될 수 있다는 것을 보여주는 사례이다. 고객들의 숨어있는 니즈를 발굴하여 지속적으로 문을 두드려 고객과의 진정한 소통을 끌어낸 것이다. 고객과 마음으로 통하는 소통이 이루어지니 자연스럽게 고객들은 열렬한 팬이 되어준 것이다.

이것이 바로 시너지의 본질이다. 이것이 바로 시너지의 출발점이자 시너지의 종착점인 것이다. 시너지는 한 가지를 응시하고 몰입하면 최고의 결과물을 창조할 수 있다는 것을 우리에게 보여주고 있다.

'21세기는 리더의 시대이다.

그러면 리더의 핵심은 무엇인가?

리더의 핵심은 커뮤니케이션이다.

그렇다면 커뮤니케이션의 핵심은 무엇인가?

커뮤니케이션의 핵심은 얼마나 말을 잘 하느냐가 아니라

얼마나 상대방의 말을 공감적으로 잘 경청하느냐에 달려 있다.'

세계적으로 유명한 경영학의 구루 '피터 드러커'가 한 말이다. 피터 드러커가 이야기했듯이 리더의 핵심은 커뮤니케이션이다. 리더가 원활한 커뮤니케이션을 이끌어내지 못한다면 어떻게 리더라고 말할 수 있겠는가? 커뮤니케이션 없이 어떻게 조직을 이끌 수 있겠는가? 커뮤니케이션이 조직의 전부이다. 커뮤니케이션이 성과의 8할이다. 커뮤니케이션이 될 때 소통이 이루어진다. 원활한 커뮤니케이션이 될 때 고객들이 주목을 하게 되고 시너지를 낼 수 있는 것이다.

일 년 동안 점심 간담회가 50회 이상 열린다. 천 명이 넘는 젊은 사원들과 직접 이야기를 나눈 것이다. 또 25회 이상의 저녁 모임을 통해서 어림잡아 과장급 이상 관리직 삼사백 명과 이야기를 나눴다. 이것이 나가모리 사장의 '식(食) 커뮤니케이션, 주(酒) 커뮤니케이션'이다.

김성호가 지은 ≪일본전산 이야기≫의 나가모리 사장의 이야기다. 나가모리 사장은 수시로 직원들과 소통을 시도한다. 식사를 하면서 술을 마시면서 직원들과 공감대를 형성한다. 허물없이 먹고 마시다 보면 직원들의 이야기를 여과없이 들을 수가 있는 것이다. 소통은 멀리 있는 것이 아니다. 소통은 가까이에 있다. 소통은 내가 먼저 다가가는 것이다. 내가 먼저 징검다리를 놓아야 한다. 내가 먼저 연결을 시도해야 한다. 내가 먼저 상대방에게 관심을 갖고 다가갈 때 상대방의 마음의 빗장이 열리는 것이다. 그래야 자연스럽게 화목한 분위기가 창출되고 신뢰가 쌓이고 저절로 성과가 일어나는 것이다. 이것이 바로 시너지의 힘이다. 소통을 한번에 그치지 않고 지속적으로 시도하고 실천할 때 시너지는 일어나는 것이다.

사람이 답이다
상대방을 보물처럼 생각하라

'실행이 답이다'라는 말이 있다. 나도 전적으로 이 말에 공감한다. 그러나 실행이 수반되기 전에 사람이 전제되어야 한다. '사람이 답이다'가 전제조건인 것이다. 사람이 답이고 사람이 우선시된 뒤에 실행이 이루어져야 한다.

나는 대학교 때 자취를 했다. 자취하고 있는 인근에 아주 마음씨 좋은 아주머니가 계셨다. 항상 인자하시던 아주머니 얼굴에 언젠부턴가 근심이 보였다. 나중에 알고 보니 그 아주머니는 피가 한 번 나오기 시작하면 멈추지 않는 병이 있었다. 그런데 어느날 따님이 하는 이야기를 우연히 들었는데, '어머님 치료를 제대로 하려면 피를 멈추게 하는데 좋은 엉겅퀴라는 약재가 필요한데 제대로 된 엉겅퀴를 구할 수가 없다……'고 했다.

'이상하네. 내가 사는 시골에 들판이나 산에 가면 많이 있는 것인데……'

그 이야기를 듣고 나는 의아하게 생각하면서 시골에 가서 엉겅퀴를 캐기 시작했다. 비료 푸데에 엉겅퀴를 잔뜩캐서 아주머니께 갖다 드렸다. 주말을 이용해서 몇 번 그렇게 도와드렸더니 무척 고맙게 생각하며 사업을 해보라고 제안을 하셨다. 내가 대학생인데 어떻게 사업을 할 수가 있었겠는가? 그 뒤로 시간이 흐르면서 그 분들이 이사를 가면서 소식이 끊기게 되었다. 지금도 건강하게 살아 계시는지 궁금하다. 이렇듯 사람을 향한 마음에 조건이 전제되어서는 안 된다. 마음으로 주어야 한다. 상대방을 진심으로 위하는 마음이 있어야 한다.

나는 2006년 데일 카네기 강사 교육을 받았다. 조금 더 변화하고 성장하기 위해서 카네기 강사에 도전한 것이다. 카네기 강사 교육이 진행이 되고 마지막 날 저녁에 다음날 시범 강의를 준비하기에 바빴었다. 그 와중에 나와 카네기 강사 2명은 강의 준비와 더불어 밤을 새다시피 하면서 함께 참여한 카네기 강사들의 강점을 적은 카드를 그 다음날 수료식 때 선물로 주기 위해서 심혈을 기울여 만들었다. 동료 강사들이 그 카드를 받을 때가 생생하게 생각이 난다. 몇 분은 감동해서 엉엉 큰 소리로 울기까지 했던 장면이 아주 선명하게 떠오른다.

'시범 강의 준비만으로도 빠듯한 시간에 어떻게 우리를 위해서 선물까지 준비를 할 수 있었단 말인가? 우리는 강의 준비하는데 바빠서 아무것도 생각하지 못했는데, 너무 대단하시고 고맙고 감사합니다'라고 말하면서…….

내가 가장 많이 읽은 책은 ≪카네기 인간관계론≫이라고 하였다. 카네기 인간관계론을 접하고 난 뒤부터 데일 카네기의 원칙을 실천하려고 노력을 하였다. 항상 상대방의 관점에서 사물을 볼 수 있도록 노력을 기울였다. 좋은 인간관계는 저절로 이루어지지 않는다. 노력을 해야 한다. 자신의 부족한 점을 채우고 강점을 강화시키고 부단히 단련시키는 작업을 해야 한다. '사람이 답이다'라는 생각이, 사람을 보물처럼 여기는 생각이 인간관계를 빛나게 할 수가 있다. 내가 나임을 조금만 내려놓고 상대방을 존중해주고 인정해준다면 인간관계의 혁명이 일어날 수도 있을 것이다.

시너지는 사람을 위한 것이다. 시너지의 혜택은 사람을 향한 것이다. 시너지는 지금보다 더 나아지는 것이다. 시너지는 돌파구를 마련하는 것이다. 시너지를 낸다는 것은 개인에게나 조직에게나 디딤돌이 되고 전환점이 될 수 있다. 항상 시너지를 생각할 때 절대로 잊지 말아야 할 것이 사람을 중심에 놓아야 한다는 것이다. 사람 중심의 생각과 사람 중심의 시너지를 생각할 때 시너지 효과는 한층 더 빛날 것이다.

10분의 힘

●

내게 주어진 시간이 10분뿐이라면, 그 고객을 잠재고객의 하루에서 최
고의 시간으로 만들겠다고 결심했다.

  - 조지 디어링 세일즈 및 컨설턴트 회사인 '더 디어링 그룹'의 설립자
   의 말

누구나 성과를 내기를 원한다. 누구나 시너지를 내길 원한다. 시너
지를 내기 위한 첫걸음은 디테일이다. 디테일이 성과를 결정한다. 디
테일이 시너지를 창출한다. 누구에게나 하루 24시간이 주어져 있다.
당신에게 주어진 24시간을 어떻게 활용하고 있는가? 시간은 잡을 수
없지만 통제할 수는 있다. 시간은 멈추어 있지 않는다. 시간을 통제
하여 내 것으로 만들기 위해서는 시간을 쪼개어 써야 한다.

조지 디어링은 10분의 마력을 기막히게 활용했다. 아주 작은 10분
이지만 그 10분을 고객을 위한 최고의 시간으로 만들겠다고 결심한
것이다. 조지 디어링에게 있어서 시너지를 내게 하는 힘은 10분의 선
택이었다. 조지 디어링이 10분의 힘을 시너지에 활용해서 최고가 되
었다고 하면 시너지를 내는 재료는 도처에 깔려 있다고 할 수 있다.
오늘 한번 시간을 내서 곰곰이 생각해보자.

'당신이 하고 있는 일에서 시너지를 내게 하려면 무엇에 집중할 것
인가?'

감성 스피치 파워는
공감대에서 나온다

2013년 초 서울 교육기관에서 강의 요청이 들어왔다. 세 번째 책 ≪지금 당장 도서관으로 가라≫ 저자 자격으로 초청한 것이다. 강의 요청 취지는 리더들이나 직장인들에게 책의 에센스를 전달해서 많은 도움을 주자는 것이었다.

서울이라 휴가를 내야 되고 두 시간 강의를 위해서 하루를 소비해야 되는 상황인지라 고민도 많이 되었다. 그러나 이번 강의는 잘아시는 작가님이 부탁한 것이라 거절하기도 어려웠다. 휴가를 내고 강의를 가기로 결단을 내렸다.

강의 일정까지는 두 달 가까이 남았는데 준비를 하기 시작했다. 보고 또 보고 반복하고 또 반복하면서 열심히 준비했다. 서울에 올라가서 강의 시간을 기다리는 동안에도 보고 또 보았다. 그리고 강의에 들어가기 직전까지 강의 자료와 별도로 두 시간 강의의 에센스를 뽑아냈다. 내 강의를 들으러 오신 분 중에서 시간이 없어서 일찍 가는 사람들을 배려하기 위한 작업이었다. 그래서 약 10분 동안 두 시간 강의의 핵심을 먼저 이야기했다. 그리고 자신있게 바쁘신 분은 이제 가셔도 된다고 이야기했다. 그러나 한 분도 가지 않으셨다.

강의가 끝나고 책에 사인도 해주고 같이 사진도 찍었다. 반응이 꽤 괜찮았다. 일단 내 자신이 만족스러웠다. 내가 준비할 수 있는 가용 범위 내에서 최선을 다했기 때문에 그러했던 것이다. 나중에 피드백 평가도 아주 좋았다. 이것은 내 자랑을 하려고 한 것이 아니다. 스피치의 힘은 공감대에서 나온다는 것을 이야기하려고 하는 것이다. 나는 오시는 분들에게 도움을 주려고 최선을 다했다. 그리고 그분들과 공감대를 형성하기 위해서 두 시간 동안 할 수 있는 노력을 최대한 기울였다.

스피치가 제대로 이루어지기 위해서는 공감대를 형성해야 한다. 래포가 중요한 것이다. 래포를 형성할 수 있다는 것은 자신감이 있다는 것이다. 자신감과 상대방을 배려하는 마음이 래포의 근간이다.

2011년과 2012년도 2년간에 걸쳐서 김난도 교수가 쓴 ≪트렌드코리아≫라는 책에 등장한 단어가 공감이었다. 공감이 스피치와 커뮤니케이션의 핵심이다. 공감을 이끌어낼 수 있으면 스피치는 매직을 발휘할 수 있다. 공감을 이끌어낼 수 있으면 소통이 되는 것이다.

공감이라는 말만큼 우리를 기분좋게 하는 단어도 없을 것이다. 공감은 커뮤니케이션의 핵심이다. 공감을 할 때 경청도 함께 이루어진다. 공감하지 않는 경청은 상대방과 틈이 생길 수 있다. 공감이 되는 경청을 할 때 상대방과 제대로 통할 수 있는 것이다. 공감은 내가 공감하고 자신만 공감대를 형성한다고 해서 되는 것이 아니다. 상대방이 느낌으로 감지할 수 있어야 한다. 상대방이 자신의 존재를 제대로 인식하고 반응할 때 공감대가 형성된 것이다. 스피치와 커뮤니케이션에서 가장 중요한 것이 공감대이다. 공감대를 형성하게 되면 소통이 이루어지고 자연스럽게 시너지가 날 수 있게 된다.

커뮤니케이션을 두 배로 잘하는 비결

커뮤니케이션을 정말로 잘하기 위해서는 대학에 들어가야 한다.

어느 대학교에 들어가야 되는지 알고 있는가? '공감대'이다.

커뮤니케이션을 잘하기 위해서는 공감대에 다닌다고 생각하고 항상 공감대를 염두에 두어야 한다. 공감대를 형성하는 것은 커뮤니케이션의 핵심이기 때문이다.

공감대를 형성하는 것은 신뢰의 첫걸음이다.

공감대를 형성하기 위해서는 어떻게 해야 하는가?

일대일 대화를 할 때는 상대방에게 초점을 맞추어야 한다.

일대 다수 만남을 할 때는 전체 분위기를 고려해야 한다. 한 곳에 집중하지 말고 참석한 모든 사람들을 배려해야 한다.

강의를 할 때는 눈을 마주쳐야 한다. 의도적으로 주기적으로 전체를 생각하면서 눈동자를 움직여야 한다. 한번에 빠르게 움직이게 되면 참석자들에게 혼란을 줄 수도 있으니 천천히 시간을 두고 움직여야 한다.

바로 옆에서 대화를 하는 것처럼 정성을 들여서 눈을 마주쳐야 한다.

공감대를 형성하는 것은 어려운 일이 아니다.

자신을 의식하지 않고 상대방을 의식하게 될 때 진정한 공감대를 형성할 수 있을 것이다.

유머로 다가가라

　유머는 무엇의 준말인지 아는가? 유머는 '당신 (you) 머시써'의 준말이다. 이것은 내가 하는 이야기다. 당신을 멋지다고 표현할 수 있는 사람은 유머감각을 누구나 발휘할 수가 있다. 유머는 소통의 윤활유 역할을 한다. 유머는 소통의 징검다리 역할을 한다. 유머는 소통을 이루기 위한 에너지원이다.

　리더스클럽을 운영하면서 다양한 사람들을 만났다. 많은 분들이 나에게 유머감각이 있다고 칭찬을 하셨다. 그 이야기를 처음 들었을 때 '내가 무슨 유머감각'이라고 생각했다. 그러나 계속 많은 분들이 이야기를 하자 나에 대해서 새로운 생각을 하게 되었다. '내가 정말로 유머감각이 있나. 어떻게 하면 유머감각을 더 키울 수 있을까?'

　나는 유머감각을 키우기 위해서 움직이기 시작했다. 서울에서 진행하는 유머관련 1박 2일 워크숍에 참석하기도 하고 평생교육원에서 실시하는 웃음치료사 과정에 참여하기도 하였다. 나는 움직이기 시작한 것이다. 주위에서 유머감각이 있다고 하니까 정말로 유머감각이 있는 내가 되기 위해서 노력을 하게 되었던 것이다. 유머관련 책을 몇십 권 사서 읽기도 하였다. 지금은 스스로 생각해도 유머감각이 있는 사람으로 변모한 느낌이 든다. 언어를 가지고 노는 힘이 생긴 것을 보면 분명 일취월장했음에 틀림이 없다. 나의 유머감각의 대표적인 결과물은 첫책 ≪책향기 사람향기≫에 나와있는 '100만 원짜리 한정식'이라는 내용이다. 약 7페이지에 걸친 내용으로 다시 봐도 감탄할 정도이다. 그리고 최근의 연구 결과물은 '배추가 김치되는 비결'이다. 이 내용을 가지고 서울에 교육을 받으러 갔을 때 오히려 1시간 가까이 내가 특강을 할 정도였다. 최근 전북대학교 학생들에게 강의할 때 적용해봤던 사례를 한번 들어보겠다.

'여러분 공감의 동의어는 무엇인가요. 공감의 동의어는 영감이란 것 알고 계셨죠. 그렇다면 영감의 반대말은 무엇인가요? 혹시 영감의 반대말은 할머니라고 생각하시고 답하시는 분은 없으시겠죠? 제가 생각하기에 영감의 반대말은 영감입니다. 제가 이렇게 이야기하니까 무슨 뚱딴지 같은 소린가하고 의아하게 생각하시는 분들이 많은데 정말로 영감의 반대말은 영감입니다. 뒤의 영감의 의미는 젊은 감각이라는 뜻이지요. 영감(young 감) 즉 영감은 영어와 한국어로 합성된 기막힌 조화의 산물이지요. 어르신들을 우리는 영감님이라고 부르지요. 왜냐하면 어르신들은 오랫동안 삶에서 터득한 경험과 지혜를 토대로 통찰력이 있고 영감(inspiration)을 많이 가지고 있으며 우리에게 계속 영감을 선사하고 있기 때문이지요.

젊은이들은 영감, 즉 젊은 감각과 신선한 감각을 가지고 있기 때문에 나이드신 영감님들의 영감을 많이 배우고 익혀야 되는 것 아시겠죠. 젊은 감각을 가지고 있는 영감도 중요하지만 어르신들이 가지고 있는 영감을 우리가 터득하고 배우는 것은 젊은이들에게 더욱 의미가 있겠죠. 영감님들로부터 영감을 배우기 위해서는 우리가 영감님들의 말에 공감하고 교감을 이루는 것이 무엇보다도 중요합니다.'

이런 식이다. 조금은 말을 가지고 노는 힘이 있다고 생각하는가? 오랫동안 책을 집중해서 읽으니 단어를 가지고 노는 힘이 생긴 것 같다.

이렇게 유머에 관심을 가지고 소통을 하다 보니 유머전문가들도 많이 만나게 되었다. 그중 한 분이 유머전략연구소 최규상 소장이다. 최규상 소장은 정말로 유머를 사랑한다. 매일 유머와 함께 시작하고 유머와 함께 하루를 마무리 한다. 유머관련 책을 읽고 유머관련 이야기를 하고, 코칭과 강의를 한다. 그리고 유머관련 책만 쓰고 있는데, 벌써 6권째 유머관련 책을 준비하고 있다. 가장 힘들고 어려울 때 유머가 그를 일으켜 세워주었다고 한다. 그래서 더욱 유머에 목숨을 건다. 유머는 최규상 소장에게 100퍼센트다. 최규상 소장은 아내와 함께 유머관련 일을 한다. 이 책을 빌어서 두 분에게 찬사와 존경을 보내고 싶다. 그는 대한민국 최고의 유머전문가가 될 것이다. 아니 세계적으로 유명한 유머고수가 될 것이다. 왜냐하면 모든 것을 유머로 시작해서 유머로 마무리를 하기 때문이다. 하루 종일 유머와 함께 하기 때문이다.

최규상 소장은 유머로 소통을 시도하고 있다. 나도 가끔 유머로 소통을 시도한다. 유머는 소통의 비타민 역할을 해주기 때문이다.

유머는 얽힌 관계의 매듭을 푸는 역할을 하기도 한다. 서먹서먹한 관계를 활기있고 윤기있게 만들 수 있는 가장 좋은 방법 중의 하나이기도 하다. 유머는 소통의 근간이 되고 시너지의 자양분이 된다. 오늘 하루가 칙칙하고 재미없다고 느껴지는가? 유머를 한번 떠올려보자. 혹 누군가와의 관계가 힘들고 어려움에 봉착해 있는가? 그렇다면 유머를 한번 발휘해보자. 유머는 삶의 활력소이자 소통의 자원이 될 수가 있다.

인생의 **나침반**
근자열 원자래

'근자열 원자래(近者悅 遠者來)'
가까이 있는 사람을 기쁘게 하면 멀리 있는 사람도 찾아 온다.

공자의 논어에 나오는 대목이다. 소통을 이야기하는데 이보다 더 좋은 이야기가 있을 수 있을까? 내 옆에 있는 사람을 소중하게 생각해야 한다. 가장 소중한 시간은 지금이고 지금 가장 소중한 사람은 지금 함께 하고 있는 사람이라고 하지 않던가? 소통의 시작은 멀리 있지 않다. 바로 옆에 있는 것이다. 가까이 있는 사람들과 한 사람씩 소통을 시도해야 한다. 바로 옆에 있는 사람들과 신뢰를 회복해야 한다. 가까이 있는 사람들과 소통이 되지 않는다면 어떻게 원활한 커뮤니케이션의 승승 작용이 일어나겠는가? 답은 멀리 있는 것이 아니라 바로 가까이에 있다. 소통은 가까이 있는 사람들을 기쁘게 할 수 있어야 하는 것이다. 가까이 있는 사람들을 최대한 만족시켜줄 수 있어야 한다.

2013년 리더스클럽의 화두가 '근자열 원자래'이다. 13년 정도 되는 전통있는 대한민국 최고의 독서토론 모임이라고 하지만 회원들에게 지속적으로 기쁨과 유익함을 주기는 쉽지 않다. 그래서 많은 회원들이 떠나가고 다시 들어온다. 그런 연유로 올해 리더스클럽의 최대 화두를 근자열 원자래로 삼았다. 새로 들어오는 회원들도 중요하지만 기존에 함께 하던 회원들에게 어떤 유익함과 기쁨을 줄 것인지 계속 고민을 하게 된다. 아울러 우리 모임을 벤치마킹하기 위해서 서울에서 구미에서 울산에서 몇 달 동안 새벽 3시에 출발하여 참석해주신 분들에게 이 자리를 빌어서 고마움을 전하고 싶다.

시너지는 거창한 것이 아니다. 시너지를 내려면 작게 시작해야 한다. 시너지의 핵심은 멀리 있는 것이 아니라 주위에 있다. 자신 곁에 있는 하나하나의 사물과 자연들을 관찰하고 관심을 가지고 자세히 들여다볼 때 시너지는 얼마든지 만들어낼 수가 있다. 주변에 있는 많은 사람들의 숨어있는 능력을 찾아내 빛을 볼 수 있도록 도움을 줄 수 있어야 한다. 우리 주위에 잠재능력과 가능성이 있는 사람들은 얼마든지 있다. 한 분 한 분을 보물처럼 진귀하게 생각하고 존경할 때 사람들이 많이 찾아올 것이다. 에너지가 있는 곳은 사람을 끌어당기는 마력이 있다. 에너지가 있는 곳은 사람들을 머물게 한다.

에너지가 있는 곳에는 서로가 에너지를 얻기도 한다. 에너지가 모여 있는 곳, 에너지를 맘껏 발산할 수 있는 곳에서 시너지 효과는 극대화될 수 있을 것이다.

흔한 것을 비틀어보니 보물이 되었네

가장 흔한 것이 최고가 될 수 있다. 흔한 것이 보석이 될 수 있다. 가장 흔하다고 생각하는 것에 무엇을 입히느냐에 따라 180도 바뀔 수 있다는 것이다. 기존의 패러다임을 바꾸면 새로운 것이 보인다. 새로운 시각으로 새로운 관점으로 사물을 직시하고 응시하면 아무 것도 아닌 것이 우리들이 즐겨 보고 싶은 것으로 재탄생할 수 있다. 그렇다고 그것이 거창하거나 대단한 것이 아니다. 아주 평범한 것, 우리가 무심히 스쳐버린 것들이 새로운 것으로 재등장하는 것이다.

보리하면 여러분들은 무엇이 떠오르는가? 보리밥은 끼니를 제대로 잇지 못하던 시절에 살기 위해 먹어야 했던 가슴 아픈 추억의 음식이다. 보리는 우리의 뇌리 속에 고난하고 빈궁한 삶의 상징이었다. 그런 보리가 우리의 눈길을 사로잡고 있다. 그냥이 아니라 매년 몇십만 명의 눈길을 사로잡고 있다. 10년 전에 방치되고 버려졌던 구릉지에 보리가 심어지고 유채꽃의 노란빛이 어우러져 더욱 푸르고 상큼

하게 대한민국을 유혹하고 있다. 보리는 사람들의 마음에 애틋한 고향의 정취를 물씬 풍기게 해주는 매력이 있다. 더불어 99만m²의 광활한 들판에 빽빽이 펼쳐있는 청보리를 바라보는 것은 막혀있던 가슴을 펑뚫리게 하는 힐링의 매력이 있다. 그러니 자연스럽게 사람들의 발길이 분주하게 찾아올 수밖에 없을 것이다. 더군다나 입장료가 없으니 관광객들 입장에서는 금상첨화인 셈이다.

인근 지역 주민들보다 외지인들이 거의 대부분을 차지한다고 하니 경제적 파급효과는 더욱 클 수밖에 없다. 통계학상 고창 청보리밭 축제로 지역에 200억 원의 경제효과를 주고 있다고 하니 놀라지 않을 수 없다. 시너지는 이런 것이다. 소통은 이런 것이다. 사람들의 마음에 진실성으로 접근했을 때 상상할 수 없는 힘이 창출되는 것이다.

고창 청보리밭은 농업에 대한 패러다임을 바꿔 놓았다. 농업이 단순하게 먹거리를 생산하는 제품에서 한발 더 나아가 농업으로도 보여줄 수 있다는 생각으로 틀을 바꾼 것이다. 농업도 보여줌으로써 새로운 부가가치를 어마어마하게 창조할 수 있다는 사례를 보여준 것이다. 고객과의 소통을 시도하면 시너지가 창출된다. 고객을 진심으로 위하는 마음이 무엇인지를 애정어린 마음으로 들여다볼 때 시너지가 나는 것이다.

나를 설레고 흥분되게 하는
것을 만들어라

2012년도부터 나를 설레고 흥분시키는 것이 있다. 책을 쓰는 일이다. 책을 쓸 때는 힘들기도 하지만 쓰고 나면 쾌감이 느껴진다. 그리고 쓰면서도 흥분된다. 내 안에 가지고 있는 것이 무엇인지 궁금하게 만든다. 내가 쓰면서도 나도 모르게 펜이 가는 데로 내면 속을 터치할 때가 있다. 계속 멈추지 않고 써내려가다 보면 숨어있는 자신과 대면하기도 한다. 스스로 놀랍기도 하고 경이로울 때도 있다. 글을 쓰고 책을 쓰는 것은 쉽지 않은 창조 작업이다. 그런데 신기한 것은 쓰면 쓸수록 새로운 이야기가 쏟아져 나온다는 것이다. 쓰면 쓸수록 조금씩 성장하고 있음을 느끼게 된다.

2013년 5월 3일자 중앙일보에 영화 '판타스틱 4'로 유명한 할리우드 여배우인 제시카 알바에 대한 기사가 눈길을 사로잡았다. 여배우에서 최근 CEO로 변신을 시도했다는 것이다. 친환경용품 기업인 ‘어니스트컴퍼니’를 통해서 포춘지가 선정한 ‘가장 영향력 있는 기업가 10인’으로 선정되었다. 무엇이 그녀를 최고의 기업가로 탄생시켰을까? 절실함이 그녀를 최고로 이끌었다고 한다. 5년 동안 준비를 하였고, 절대로 포기하지 않았다고 한다. 진짜 소비자의 필요와 요구에 귀를 기울였다. 그리고 ‘좀 다르게, 더 낫게’에 의미를 부여하고 모든 걸 걸었다. 또한 파트너는 남편 고르듯이 신중을 기했다. 신기하게도 시너지를 내기 위한 모든 전략을 제시카 알바는 실행으로 옮긴 것이다.

시너지를 내기 위해서는 간절함이 있어야 한다. 시너지를 내기 위해서는 오랫동안 한 곳을 응시해야 한다. 시너지를 내기 위해서는 고객의 니즈를 파악해야 한다. 시너지를 내기 위해서는 차별화를 시도해야 한다. 또한 파트너의 중요성은 시너지를 내기 위해서는 아무리 강조해도 지나치지 않다. 공교롭게도 제시카 알바는 시너지를 창출하기 위한 모든 전략을 구사한 것이다. 놀랍지 않은가? 그렇기 때문에 올해에도 회사의 매출 성장률이 400%를 넘는다고 한다. 이것이 바로 시너지의 힘인 것이다.

시너지는 공헌과 직결되어 있다. 이익을 넘어 공헌을 생각할 때 시너지 효과는 더욱 확대되는 것이다. 제시카 알바는 요즘 어떤 나날을 보내고 있을까? 사람들에게 공헌도 하고 회사도 성장하고 있으니 설레고 흥분된 나날을 보내고 있지 않겠는가? 나를 설레고 흥분되게 하는 것은 무엇인가? 나를 설레고 흥분되게 하는 그것을 찾으면 자연스럽게 몰입이 될 것이다. 더불어 시너지는 자연스럽게 발생할 것이다. 내가 정말 좋아하고 잘하는 일을 찾는 것이 중요하다. 분명 내가 좋아하고 잘하는 일이라면 설레고 흥분된 삶을 영위할 수 있을테니까.

상대방의 **입장**에서
바라보라

나는 정진홍 씨를 좋아한다. 정진홍 씨가 매주 토요일마다 중앙일보에 기고하는 '정진홍의 소프트파워' 팬이기도 하다. 그는 한 편의 칼럼을 쓸 때마다 친절하게 독자들을 사랑하는 마음으로 글을 전개한다. 그의 글은 쉽고 간결하여 술술 읽힌다. 아주 적합한 사례들을 들어주고 사례에 대한 의미 부여를 해주기 때문이다. 그는 독자의 입장에서 글을 쓰고 있다는 생각이 든다. 그러니 그의 글을 읽노라면 자연스럽게 소통이 된다. 직접 대면하고 있지 않지만 글을 읽어가다 보면 저절로 통하게 되는 것이다. 기회가 된다면 그와 소통을 해보고 싶다. 글로만이 아니라 직접 그의 이야기를 들어보고 싶다. 그의 통찰력을 들어보고 싶다. 그를 만나면 저절로 시너지가 날 것 같다.

텔레파시가 통했던지 최근에 '정진홍의 소프트파워'에 '미래잡는 삼·지·창'이라는 글이 실렸다. 내가 시너지를 연구하고 있는데 그의 글을 읽노라니 통하는 것이 있었다. 정진홍 씨가 시너지를 언급한 것이다.

'우리가 마주할 미래는 산업시대를 거쳐 정보시대를 넘어 펼쳐지는 콘텐츠 시대다. 그것은 대형공장과 정보화 플랫폼이 아니라 스토리와 놀이 그리고 상상력의 융합이 새로운 생산력이 되는 시대다. 아울러 물건 담은 컨테이너가 아니라 이야기 담은 콘텐츠가 더 큰 부가가치를 창출하는 시대다.'

멋진 이야기를 하고 있지 않은가? 그는 앞으로의 미래를 이야기하고 있는 것이다. 미래는 소리 없이 우리에게 새로운 형태로 다가올 것이라고 언급하고 있다. 그런데 중요한 것은 무언가 준비를 해야 한다는 것이다. 산업시대와 정보시대가 아니라 이제는 콘텐츠 시대가 오기 때문에 철저히 체인지, 시너지, 크레이지로 중무장을 해야 한다는 것이다. 체인지는 컨테이너 산업에서 콘텐츠 산업으로의 깊은 변화를, 시너지는 하이테크와 하이터치의 거침없는 융·복합을, 크레이지는 작고 사소한 것들에 대한 미친 듯한 몰입을 뜻한다. 더불어 정진홍 씨는 하나하나의 의미에 대해서 사례를 들면서 쉽고 친절하게 설명을 해주고 있다. 이것이 고객을 향한 진정성이다. 이것이 정진홍의 소프트파워에 열광하는 이유이다. 이것이 상대방의 입장에서 바라보고 생각하고 글을 쓰는 것이다. 이렇게 상대방의 입장에서 사물과 사람을 바라본다면 소통이 되지 않을 수가 있겠는가?

　내가 아닌 상대방의 입장을 생각하는 것, 우리 회사나 직원 입장이 아닌 고객의 입장에서 바라보고 제품을 만들고 콘텐츠를 만들고 서비스를 행하는 것이 소통의 지름길이 될 것이다. 이렇게 상대방의 입장에서 바라보고 진정으로 마음과 마음의 소통이 이루어질 때 시너지는 자연스럽게 빛을 발할 것이다.

삼겹살로 소통의 시너지를 창출해 보라

　소통이 무엇인가? 소하고도 통하는 것이 소통이 아닌가? 나는 전북 진안이라는 시골에서 살았다. 초등학교와 중학교를 다니면서 소와 함께 한 시간들이 많았다. 소에게 줄 풀을 들판에서 베서 주기도 하지만 직접 소를 몰고 다니면서 먹이기도 하였다. 농사를 짓기 위해 논이나 밭을 갈아야 할 때 소가 우리 일을 대신해 주었다. 소는 시골에서 농사짓는 농부들에게 동반자였던 셈이다. 그러니 농부와 소가 통하지 않고 어떻게 농사를 지을 수 있었겠는가? 나도 소와 통하려고 노력했다. 말을 주고 받을 수는 없지만 소와 함께 하면서 소통을 한 것이다. 소와도 소통을 하는데 사람들 사이에서 못할 것이 있겠는가? 소통의 장벽은 없다고 생각한다. 조금만 자신이 가지고 있는 자존심을 내려놓기만 하면 소통의 벽은 없다. 자존심을 던지고 자존감으로 중무장하고 자부심으로 플러스를 하면 원활한 의사소통이 이루어질 수 있을 것이다.

우리나라 사람들이 소통을 하기 위해서 가장 많이 먹는 음식이 무엇인가? 아마도 삼겹살을 빼놓을 수 없을 것이다. 삼겹살에 소주를 마시며 응어리진 한을 이야기한다. 마음속에 간직하고 있던 이야기를 풀어놓기 시작하면 그때부터 모든 해결의 실마리가 보이는 것이다. 소통은 매우 중요하다.

사람과 사람 사이에 막힌 장벽을 걷어버릴 수 있는 최고의 무기는 커뮤니케이션이다. 말을 하지 않고 있으면 절대로 상대방이 알 수가 없다. 같이 이야기를 하면서 공감도 하고 언쟁도 높이면서 해결의 열쇠를 찾아 가는 것이다.

시너지를 내고 싶은가? 그렇다면 머뭇거리지 말고 삼겹살에 소주 한 잔하면서 대화를 시도해보자. 대화를 시도하기만 해도 소통의 어려움은 해결될 것이다. 얽힌 실타래를 풀 수 있는 유일한 방법은 얽혀 있는 원인을 찾아내는 것이다. 그 원인을 찾아내려면 만나야 한다. 만남의 장에서 서로 부딪치면서 이야기를 하고 듣고를 반복해야 한다.

시너지형 인간 HOW

시너지형 인간이 되기 위한 세 가지 필수 요소

누구나 꼭 가지고 싶어하는 필수품이 있다.

마찬가지로 시너지형 인간이 되기 위해서도 세 가지 필수품이 필요하다.

시너지 마인드, 시너지 시스템, 시너지 전략이 바로 그것이다.

시너지형 인간이 되고 싶고 시너지를 내기 위해서는 지금 당장 세 가지를 필수품으로 인식하자. 그것이 거창한 것은 아니다. 우리 주위에 있는 것이다. 절대로 과소평가 하지 말고 우리가 간직해야 할 필수품으로 인식하고 담금질하는 시간을 갖도록 하자.

시너지 성공방정식

SYNERGY = MIND(RBV) × SYSTEM(AKPS) × STRATEGY(SALES)

시너지를 내기 위해서는 마인드만 중무장해도 된다. 시스템만 있어도 된다. 전략만 있어도 된다. 각자로서도 의미가 있고 따로따로도 의미가 있다. 그러나 합쳐지고 곱해지면 그 힘은 증폭될 것이다.

시너지 마인드는 세 가지가 필수다.

첫째, 자원(resources)이다. 자신이 가진 자원을 항상 생각해야 한다. 자원은 성취의 산물이다. 자신의 흔적이고 살아온 발걸음이다. 나를 미소 짓게 하고 흥분시키고 나답게 한 모든 것이다.

둘째, 신념(belief)이다. 신념은 지금 내가 존재하는 이유다. 나를 나타내는 바로미터다. 나는 무엇이라고 말할 수 있는가? 내가 가장 중요하게 생각하는 한 단어는 무엇인가? 자신을 대표하는 그 무엇을 정해보라.

셋째, 비전(vision)이다. 비전은 나를 꿈틀거리게 한다. 가슴 뛰게 하는 비전을 정해보자. 내가 정말로 하고 싶고 잘할 수 있는 것을 한번 정해보자. 비전을 정했으면 틈날 때마다 그 비전을 이루는 모습을 상상해보자.

매일 나의 자원을 생각하고, 신념을 확고히 하고, 비전을 생생하게 그리는 연습을 한다면 시너지가 절로 나지 않겠는가?

시너지 시스템은 네 가지가 필수이다.

시너지 시스템이 제대로 작동하려면 네 가지가 끊임없이 지속적으로 돌아가야 한다. 한번 돌아갔다고 해서 멈추어서는 안된다. 계속 돌아가는 것이 핵심이다.

첫째, 마음가짐(attitude)이다. 시너지 시스템이 제대로 작동이 되려면 마음가짐이 중요하다. 한마디로 자세가 중요한 것이다. 무언가 원하기만 하는 정도가 아니라 해보겠다, 하겠다는 단호한 자세가 중요하다.

둘째, 지식(knowledge)이다. 내가 무언가 하겠다고 했으면 공부를 해야 한다. 공부하지 않고 저절로 알아지는 것이 있겠는가? 아무것도 모르고 무엇을 할 수 있단 말인가? 일단 무언가 하기로 했다면 공부를 해야 한다.

셋째, 연습(practice)이다. 마음가짐을 갖추고 공부만 해서는 시너지를 낼 수가 없다. 한 가지를 정했으면 연습을 해야 한다. 한번의 연습이 아니라 숙달이 될 때까지 계속 연습을 시도해야 한다.

넷째, 기술(skill)이다. 내 것이 있어야 한다. 나만의 기술이 있어야 한다. 나만의 기술이 곧 능력이다. 내가 선택한 것에 대해서 마음을 다잡고 공부를 하고 끊임없이 연습을 한다면 나만의 기술이 탄생할 것이다.

시너지 전략은 다섯 가지가 필수 요소이다.

시너지 전략의 핵심은 세일즈이다. 무엇이든지 팔 수 있어야 한다. 팔지 못하면 시장에서 제대로 경쟁력을 발휘할 수가 없다. 시너지를 내려면 파는 것이 핵심이다.

시너지를 내는 전략의 핵심은 세일즈라고 머릿속에 입력을 해보자.

첫째, 자기확신(self-confidence)이다. 내가 선택한 한 가지는 무엇인가? 신중하게 한 가지를 선택했으면 그 한 가지에 확신을 갖자. 세일즈를 할 때도 시너지를 낼 때도 내가 선택한 한 가지에 대한 아주 강한 믿음이 수반된 확신이 중요하다.

둘째, 실행(action)이다. '실행이 답이다'라고 하지 않던가? 행동하지 않으면 아무 일도 일어나지 않는다. 움직여야 한다. 현장에서 뛰어야 한다. 세일즈에서 성과를 내기 위해서도, 선택한 단 한 가지에 대한 시너지를 내기 위해서도 거침없이 발로 움직여야 한다. 무조건 발로 뛰어야 한다. 발바닥에 땀이 나도록 뛰고 또 뛰어야 한다.

셋째, 경청(listening)이다. 시너지를 내기 위해서는 잘 들어야 한다. 세일즈를 할 때도 잘난 척 말만 많이 할 것이 아니라 고객의 이야기를 들어주어야 한다. 내가 상품을 많이 안다고 말을 많이 하게 되면 안된다. 시너지를 내기 위해서는 사람들의 말을 들어야 한다. 사물에 집중해야 한다. 자연 속에 널려있는 자연의 신비에 귀를 기울여야 한다. 경청을 하다 보면 내가 원하는 것을 이룰 수 있는 단초를 발견할 수 있을 것이다.

넷째, 열정(enthusiasm)이다. 시너지를 내려면 전략적으로 열정을 유지해야 한다. 어떻게 열정을 유지할 수 있을 것인지를 끊임없이 연구해야 한다. 열정이 사라지면 의욕이 있겠는가? 항상 열정을 유지하기 위한 방책을 강구해야 한다. 세일즈를 할 때도 마찬가지다. 열정이 떨어지면 사람들을 어떻게 대할 수 있겠는가? 사람들을 만나서 무슨 이야기를 할 수 있을 것인가? 열정이 사라지면 자신감이 떨어진다. 매사에 소심해진다. 열정을 유지할 수 있는 비결을 끊임없이 연구해야 하는 이유이다.

다섯째, 서비스(service)이다. 시너지를 내기 위해서는 서비스 전략이 필요하다. 누군가에게 봉사하고 배려하고 공헌하는 마음이 중요하다. 세일즈에서도 서비스는 기본 중의 기본이기 때문이다.

시너지 성공방정식은 누구에게나 효과가 있을 것이라 장담한다. 우리는 가까이에 있는 것의 가치를 알지 못한다. 대체로 가까이 있는 사람을 과소평가한다. 내 옆에, 내 주위에 있는 소소하고 작은 것들이 최고의 가치가 있음을 직시해야 한다. 시너지 성공방정식은 주위에 있는 이야기일 수도 있다. 그러나 다시 한번 초심으로 돌아가보자. 처음처럼 본질을 찾는 연습을 해보자. 시너지를 내는 기막힌 도구는 없다. 시너지를 내는 최고의 도구는 당신이 직접 만들어야 한다. 나는 그래서 제안한다. 시너지 성공방정식을 당신의 귀중한 성공도구로 장착하라고 강력하게 권하고 싶다.

이것은 따로따로도 분명 효과가 있다.

그러나 합쳐지고 곱해지면 시너지 효과는 폭발적이 될 것이다.

시너지 마인드를 생각하며 자원과 신념, 비전에 대한 질문을 하면서 답을 하기만 해도 효과가 있을 것이다. 기분이 좋아지고 의욕이 생기고 신나는 일상이 지속될 것이다.

시너지를 내는 시스템은 이미 많은 사람들을 통해서 검증이 되었다. 자기계발을 위한 최고의 사이클이자 도구로 정평이 나 있다. 무슨 일을 하든지 마음가짐을 다잡고 공부를 하고 연습을 하고 내 것으로 만든다면 성과도 나면서 프로가 되지 않겠는가?

시너지 전략의 핵심으로 세일즈를 접목해 보았다. 세일즈는 많이 들어 보았기 때문에 잘 알고 있다. 그러나 이면을 들여다보고 다시 한번 상기하는 것이 중요하다. 시너지 전략을 짤 때 강한 확신을 가지고 머뭇거리지 말고 행동으로 옮기는 것이 중요하다. 행동하면서 경청하고 열정을 지속적으로 유지하면서 상대방을 배려하는 서비스를 몸소 실천하는 것이 중요하다. 이것이 바로 시너지의 전략이자 세일즈의 핵심인 것이다.

시너지를 내기 위해서 시너지 마인드와 시너지 시스템, 시너지 전략을 매일 생각해보자. 그리고 어떻게 이것을 실천할 것인지를 끊임없이 연구해보자. 여러분들이 원하는 시너지를 확실하게 이루어낼 수가 있을 것이다.

시너지 임팩트 모델

SI = (C + C + M) × T

Synergy Impact=(Convergence+Communication+Mastermind)×Thanks

　시너지 효과는 융합(convergence), 소통(communication), 아름다운 하모니(mastermind)가 더해지면 제대로 발휘될 수가 있다. 아울러 이 세 가지에 감사의 마음(thanks)이 곱해지면 시너지 효과는 더욱 배가 될 수 있다. 감사의 마음은 곱하기라는 것을 주목해야 한다. 융합, 소통, 하모니는 각자의 개별로서 시너지가 날 수도 있고 합쳐지면 시너지가 증가되는 개념이지만 감사의 마음은 배가되는 개념이라는 것이다. 또한 중요한 것은 시너지를 내기 위해서 융합, 소통, 하모니를 시도하더라도 감사의 마음이 제로이거나 마이너스가 되면 시너지가 나지 않을 수 있다는 것을 상기해야 한다. 시너지를 내기 위해서는 융합, 소통, 하모니를 뒷받침하는 가장 중요한 것이 항상 감사의 마음을 갖는 것이라는 것을 유념하자.

　시너지 성공방정식을 습득하고 나면 시너지 임팩트 모델을 항상 생각하자.

　시너지 HOW는 간단하다. 시너지의 힘을 강하게 느끼려면 시너지 임팩트 모델을 생각해야 한다.

　첫째, 융합이다. 항상 무엇을 융합할 것인지를 생각해야 한다. 지금 하고 있는 일에서 무엇을 섞을 것인지를 계속 생각해야 한다.

　둘째, 소통이다. 융합을 했으면 계속 소통을 시도해야 한다. 내가 먼저 말을 꺼내고 솔선수범하여 공감하고 소통하는 연습을 해야 한다.

셋째, 하모니다. 융합과 소통을 하면서 항상 견지해야 할 것이 하모니다. 하모니를 이룰 수 있어야 성과를 이끌어낼 수가 있다. 하모니를 이루어야 팀워크를 유지할 수가 있고 윈윈의 파트너십을 유지할 수가 있다.

넷째, 감사하는 마음이다. 융합, 소통, 하모니가 개별적으로 시너지를 발휘할 수가 있다고 한다면 감사하는 마음은 각자의 영역에 필수 요소이다. 융합을 시도하고 소통을 하면서 하모니를 이루는데 필수 요소가 감사의 마음을 갖는 것이다. 감사의 마음은 마음을 편안하게 하고 풍요롭게 한다.

시너지 임팩트 모델 하나를 통해서 실제로 모델이 어떻게 적용이 되는지 알아보기로 하자.

리더스클럽은 2002년 9월에 만들어진 독서토론 모임이다. 책을 좋아하는 사람들이 일주일에 책을 한 권 정해서 매주 독서토론을 하며, 13년째 모임이 이어지고 있다. 독서토론 뿐만 아니라 다양한 아카데미를 비롯한 포럼, 콘서트, 독서 페스티벌, 청소년 독서캠프 등이 진행된다. 회원들이 기업이나 관공서, 그리고 도서관과 동사무소 등에서 독서토론이나 북코칭을 진행하기도 한다. 도교육청을 비롯해 대부분의 교육청과 학교에서 독서관련 특강을 하기도 한다. 리더스클럽의 시너지 핵심은 '독서토론'이었다. 독서토론 한 가지가 여러 가지 영역으로 지경을 넓혀 시너지를 창출하고 있는 것이다. 처음에 독서토론이 시너지 대상이 되었고 지속적으로 회원들과 소통이 진행되면서 아름다운 마스터마인드 그룹으로 형성된 것이다.

집현전은 어떠한가? 조선시대에 최고의 토론의 장이 아니었던가? 왕과 신하가 책으로 정책을 가지고 토론을 하였던 것이다. 집현전이라는 아이디어가 시너지의 핵이다. 이것이 바로 세종대왕의 시너지의 원천이 되었던 것이다. 기막힌 융합의 산물이 아닌가? 집현전을 만들어 놓고 그냥 방치한 것이 아니라 지속적으로 집현전 안에서 소통을 시도하였고 아름다운 하모니를 연출하지 않았던가?

나와 아주 친한 은행 지점장이 있다. 그는 묵묵히 자신의 일을 하는 솔선수범형 리더이다. 또한 부하 직원들에게 겸손의 리더십을 발휘하기도 한다. 그는 2년 연속 1위의 실적을 눈앞에 두고 있다. 그의 시너지의 핵심은 무엇일까 연구해 보았다. 의외로 답을 간단히 찾아낼 수가 있었다. 그 성과의 최고 핵심은 직원들을 신뢰하고 인정한 것이다. 그는 2개월에 한 번씩 직원들을 포상하였다. 열심히 노력한 직원들에게 노력한 대가를 인정해주고 칭찬한 것이다.

그리고 끊임없이 직원들과 소통을 시도하면서 아름다운 하모니를 연출한 것이다. 또한 성과의 공은 직원들에게 돌리는 겸손함을 발휘하였다. 직원들에게 감사의 마음을 가진 것이다. 그러니 어느 누가 최선을 다하지 않겠는가? 시너지 임팩트 모델은 분명 효과가 있다. 기업의 CEO나 리더뿐만 아니라 개인도 시너지 임팩트 모델을 도입하여 성과를 낼 수가 있고 시너지를 낼 수가 있다. 시너지 임팩트 모델은 어렵고 힘든 것이 아니다. 쉽게 적용할 수가 있고 쉽게 효과를 발휘할 수가 있는 것이다.

리더스클럽 등 다양한 시너지 임팩트 모델에 대한 융합, 소통, 하모니, 감사의 구체적인 증거 사례는 앞의 장에서 충분히 알아보았다. 시너지에는 임팩트·파워·성취의 법칙이 담겨있다. 매일 시너지를 생각해보자. '어떻게 하면 시너지를 낼 수 있을까? 어떻게 하면 시너지를 내는 사람이 될 수 있을까? 어떻게 하면 시너지를 내도록 도움을 줄 수 있을까?' 그러면 여러분들이 원하는 시너지를 분명 낼 수 있을 것이다. 그러면 분명히 여러분들은 시너지형 인간이 될 수 있을 것이다.

SYNERGY

PART 3

가을

한정식 시너지
하모니(Mastemind)

마스터마인드의 시너지, 하모니

21세기의 **화두**
화이부동

맨체스터 유나이티드의 알렉슨 퍼거슨 감독이 누구인가?

스코틀랜드 글래스고스에서 태어난 노동자의 아들.

23세까지 클라이드 조선소에서 일했던 기능공.

실력을 인정받지 못해 파트타임으로 뛰던 무명 축구선수.

선수 때는 보잘 것 없었지만 잉글랜드 축구 뿐만 아니라 세계 축구 역사상 가장 훌륭한 업적을 남긴 감독, 맨유감독 27년 동안 EPL 포함 38회 우승을 이끈 명장!

45세의 혈기왕성한 퍼거슨 감독이 맨체스터 유나이티드 지휘봉을 잡았을 때는 '술주정뱅이 구단'이라는 소리까지 들었다. 그러나 약체였던 팀을 72세까지 열정을 가지고 세계 최고의 클럽으로 만들며 엘

리자베스 영국 여왕으로부터 기사 작위까지 받았다.

에릭 칸토나, 데이비드 베컴, 크리스티아누 호날두, 박지성, 웨인 루니 등 세계 최고의 선수들을 만들어내고 그들과 최고의 팀워크를 이끌어낸 장본인이다.

무엇이 그를 최고로 만든 것일까? 무엇이 그로 하여금 맨체스터 유나이티드를 최고로 만들게 한 동인이 되었을까? 화이부동에서 답을 찾아보면 어떨까? 새해가 시작되면 CEO들이 가장 많이 화두로 삼는 사자성어 중 하나이다. 화이부동의 의미는 하모니를 이루되 같지 않은 것이다. 즉 화이부동의 진정한 가치는 같지 않다는 것을 겸손하게 인정하는 것이 아름다운 하모니의 출발점인 것이다. 한 사람 한 사람의 기질과 성향, 그리고 능력을 존중하면서 하나의 목표만을 생각할 때 진정한 하모니가 이루어지는 것이다. 퍼거슨 감독은 하모니를 이루는 것의 선결조건은 같지 않음을 인정하는 것에서 출발한다는 화이부동의 철학을 입증해보였다. 그리고 그는 시도를 하였다. 인정할 것은 인정하면서 팀워크, 협력을 이끌어낸 것이다. 그래서 그는 감독으로 있는 동안 최고의 시너지를 만들어낼 수 있었다.

줄탁동시라는 말을 들어보았는가?

달걀 속에서 병아리가 세상으로 나오기 위해서는 계속 알을 두드려야 한다는 것이다. 달걀 안에서 쪼고 쪼기를 계속할 때 어미 닭이

밖에서 그 소리를 듣고 동시에 반응을 할 때 드디어 달걀이 병아리로 새로운 삶을 시작할 수 있다는 고사성어이다. 이 얼마나 아름다운 작품인가? 힘들더라도 멈춤없이 계속 노력을 할 때 병아리가 될 수 있는 것이다. 달걀 안에서 아무리 많은 노력을 한다 하더라도 밖에서 어미 닭이 반응을 하지 않는다면 한계에 봉착할 수도 있다. 안에서는 병아리가 지속적으로 쪼임을 계속하고 밖에서는 어미 닭의 애정어린 기다림을 통해서 드디어 병아리는 새 생명으로 태어나는 것이다.

그래서 타이밍이 중요하다. 그래서 반응을 해주는 것이, 선택이 중요하다. 선택이 하모니를 낳는다. 위대한 선택이, 위대한 결단이 하모니의 출발점이다. 의도적으로 아름다운 조합을 생각해야 한다. 만남을 생각할 때 항상 하모니를 중심에 두어야 한다. 오케스트라를 보라. 각기 다른 사람들이 각기 다른 악기를 연주하면서 아름다운 선율을 만들어내지 않는가?

시너지를 내기 위해서는 항상 조화를 생각해야 한다. 조화를 이루지 못하면 시너지가 날리 없다.

맨체스터 유나이티드의 알렉슨 퍼거슨 감독은 세계 최고의 감독이 되었다. 그는 맨체스터 유나이티드의 선수들로 하여금 하모니를 이끌어낸 것이다. 그는 매 경기마다 시너지를 생각한 것이다. 어떤 조합이 이번 경기를 승리로 이끌 것인가? 이끌고 있는 선수 자원들을 어떻게 최고의 조합으로 구성해야 시너지를 낼 것인가를 연구하고 또 연구한 것이다. 최고의 조합이 최고의 작품을 만들어낸다. 명장은 그렇게 탄생한 것이다.

매 게임마다 전반전·후반전 시간은 일정하게 주어져 있다. 제한된 시간 동안에 선발 선수들을 제대로 기용하고 기막힌 타이밍에 선수 교체가 이루어져야 한다. 조금만 빨라도 조금만 늦어도 다른 결과를 연출할 수 있다. 어떻게 하면 매 게임마다 11명의 선수들이 최고의 하모니를 이루어 시너지를 창출할 것인가를 머리를 싸매고 고심에 고심을 거듭해야 한다는 것이다. 달걀이 달걀로 머물지 않고 병아리로 거듭날 수 있는 것에 타이밍이 가장 중요하듯이 축구도 타이밍이 좌우하는 것이다. 타이밍이 하모니를 이끌며 타이밍이 시너지와 직결된다.

시너지를 내려면 화이부동의 진정한 의미와 가치를 인식하자. 시너지의 시작은 상대방을 인정하고 하모니를 생각할 때 최고의 작품이 만들어질 수 있다는 것을 인식하자.

마스터마인드 그룹을
만들어라

사람보다 높은 산은 없다.

아웃도어 상품 '밀레'의 광고에 있는 내용이다. 사람의 중요성을 이보다 더 잘 표현할 수 있을까?

마스터마인드는 둘 또는 셋 이상의 아름다운 하모니라는 말이다.

시너지를 내려면 마스터마인드 그룹을 만들어야 한다. 두 명도 좋고 세 명도 좋고 일곱 명도 좋다. 정기적으로 만나서 호흡을 같이 나눌 수 있는 사람이면 족하다. 아무 이야기를 하지 않고 산책을 해도 좋고 아무 이야기를 하지 않고 눈빛만 마주쳐도 좋다. 서로를 신뢰할 수 있고 같은 방향을 바라볼 수 있고 서로를 인정해주고 지지해줄 수만 있으면 된다.

마이크로소프트사의 빌 게이츠를 보라. 빌 게이츠는 마이크로소프트사를 세계 최고의 기업으로 만들었다. 그러나 빌 게이츠가 모든 것을 다 했다고 생각하는가? 빌 게이츠는 자기의 강점인 연구개발에 총력을 기울이고 스티브 발머라는 마케팅의 대가를 영입하여 오랫동안 마스터마인드를 이룬 것이다.

에디슨, 포드, 파이어스톤의 사례를 보라. 세 명은 정기적으로 만남을 가졌다고 한다. 만나서 사업 이야기를 한 것이 아니고 같이 산책을 하기도 같이 명상을 하기도 하고 같이 바라보기만 하였다. 그런데 중요한 것은 만남을 통해서 서로 에너지를 얻었다는 것이다. 에너지를 얻는데서 그친 것이 아니라 각자가 세계 최고가 된 것이다. 이런 것이 마스터마인드 그룹이다.

빌 게이츠와 워런 버핏이 뭉쳤다
2명의 강력한 마스터마인드 그룹 & 편지 소통

2008년 6월, 마이크로소프트를 전격 은퇴한 빌 게이츠 전 회장은 그로부터 몇 달 후 자신이 운영하는 빌 앤드 멀린다 게이츠 재단의 선기금 파트너들에게 편지를 보냈다. 편지에서 그는 재단이 하는 일을 상세히 설명하고 싶어서라며, '만일 책임자인 당신에게 직접 설명을 듣는다면 파트너들이 얼마나 든든하겠느냐'라고 워런 버핏 회장이 권유해서 직접 편지를 쓰는 것이라고 덧붙였다.

송숙희 작가의 ≪당신의 글에 투자하라≫라는 책에 있는 내용이다.

빌 게이츠와 워런 버핏의 아름다운 하모니가 시너지를 내고 있다. 빌 게이츠와 워런 버핏이 만나 잔잔한 감동을 주고 있다. 세계 최고의 갑부 둘이 뭉쳐서 세계의 기부 문화를 주도하고 있다. 많은 사람들로 하여금 돈을 버는 것도 중요하지만 재산을 어떻게 사회에 환원하는 것이 아름다운 것인가를 두 명의 거물이 마스터마인드 그룹을 형성해 모델이 되고 있는 것이다. 둘이 만나서 한 사람 한 사람의 가치가 더욱 빛나고 있다. 이전보다 훨씬 더 많은 사람들이 존경의 마음을 보내고 있다.

사람들은 워런 버핏을 편지를 통해서 주주들과 소통을 하고 간결하고 명쾌한 말로 세상과 소통을 시도한 장본인으로 기억할 것이다. 그는 자신이 편지로 주주들과 소통을 하였듯이 빌 게이츠에게도 자선단체와 편지로 소통할 것을 주문하였다. 빌 게이츠가 파트너들에게 편지로 소통하고 있는 모습이 감동으로 다가오지 않는가?

마스터마인드의 힘은 강력하다. 마스터마인드 그룹을 형성하는 것은 의미가 있고 가치가 있다. 마스터마인드 그룹을 만드는 것은 시너지를 내게 한다. 많은 사람이 만나지 않아도 좋다. 둘이어도 좋고 셋이어도 좋다. 공감대를 형성하고 한 방향으로 바라보며 상대방을 인정해주고 칭찬해줄 수 있으면 그만이다. 일주일에 한 번씩 만나서 목표로 하고 있는 일에 대해서, 관심을 가지고 있는 주제에 대해서 이야기를 나누어도 좋다. 마스터마인드 그룹을 형성하는 것이

결코 거창한 것이 아니다. 일단 만남을 시작하는 것이다. 어렵게 생각하지 말고 만남을 시도해보라. 정기적으로 한 주제를 가지고 이야기를 나누어보라.

책 속에는 사람이 있다

'한 권의 책은 곧 한 사람이라고 생각해요. 한 권의 책을 읽는다는 것은 한 사람과 깊이 소통하는 일과 같습니다. 모르고 있던 해박한 지식이나 세상의 수많은 낯선 이야기들을 알 수 있으니 사실 나로서는 득만 보는 소통이 되겠네요. 그들을 통해 세상이 어떻게 돌아가는지, 인간이라는 존재가 어떤 생각을 하고 살아가는지에 대한 교감을 통해 세상을 알아가는 것이지요. 그래서 저에게 책은 곧 사람이고 저 자신이기도 합니다.'

신경숙 소설가의 이야기이다.

책이 우리에게 답을 주고 길을 알려준다. 또 우리가 궁금해하는 것을 친절하게 알려주고 있다. 우리는 책을 통해 소통을 하기도 한다. 소통을 하기 위해서 책을 읽어야 하는 이유이다. 진정으로 소통을 하기 위해서는 책과 함께 놀아야 한다. 책 속에는 사람이 있기 때문이다. 책으로 소통한다는 것은 저자와 소통한다는 것이다. 한 사람의 심오한 철학과 조우하는 것이다.

　사람이 사람을 만난다. 사람이 책과 만난다. 사람이 사람을 만나서 하모니를 이루어야 한다. 만남 이전보다 만남 이후에 발걸음도 가벼워지고 어깨도 가벼워지고 머릿속도 가벼워져야 한다. 만남을 통해서 에너지를 얻고 힘을 얻고 새로운 호기심과 의욕이 샘솟아야 한다. 그래야 만남이 의미있고 더욱 가치있게 발전할 수 있는 것이다. 사람과 사람이 만나 하모니를 이루고 진정한 소통이 이루어져야 시너지를 낼 수 있다는 이야기다. 책이 우리에게 하모니의 비밀을 알려준다. 책이 우리에게 시너지의 해법을 제시한다. 좋은 책과의 만남을 지속해야 하는 이유다.

나의 영원한 **동반자**
리더스클럽 이야기

나는 2002년부터 독서토론 모임을 시작했다. 책을 읽고 싶었지만 책을 마음껏 읽을 수 없는 환경에서 자란 나를 새롭게 리모델링 하고 싶은 마음에서였다. 나를 벗어던지고 새롭게 도전해보고 싶은 마음이 꿈틀거렸던 것도 사실이다. 그냥 소박하게 시작했다. 3~4명이 새벽에 같이 모여 한 권의 책을 가지고 토론을 했다. 책을 읽고 새벽 시간에 잠의 유혹을 물리치고 매주 참석하는 것이 쉽지는 않았다. 그러나 13년 동안 이어지고 있다.

오랫동안 시간이 흐르다 보니 많은 변화가 생겼다. 사람 수도 많아지고 함께 한 회원들의 변화와 성장을 지켜볼 수 있었다. 대학생부터 칠십대 어르신까지 참여하는 모임이 되었다. 많이 나올 때는 70~80명이 참석해서 책을 토론하고 30명 이상 매주 함께하는 대한민국 최고의 독서토론 모임이 되었다. 리더스클럽의 이야기이다.

리더스클럽은 2007년 대한민국 평생학습 동아리부문 대상을 받은 적도 있다. 리더스클럽의 독서토론 모임을 통해서 리더스 아카데미가 진행이 되고 리더스 지식경영포럼이 매월 이루어지고 리더스 문화나눔 콘서트가 진행이 된다. 많은 분들이 함께하는 의미있고 가치있는 모임이 되었다.

처음부터 참석한 회원들은 각자 영역에서 최고가 되어가고 있다. 책과 함께하고 책을 사랑해서 얻은 성과다. 책을 읽고 책을 토론하고 사람들과 에너지를 나누니 시너지가 난 것이다. 이제 시작이다. 앞으로 회원들의 시너지 효과는 배가 될 것이다.

조선시대의 집현전을 생각해보라. 독서의 장이자 토론의 장이 아니었던가? 책을 읽고 책을 토론하는 경연의 장이 아니었던가? 책이 변화를 이끌고 사람이 성장을 이끄는 아름다운 하모니를 연출한 것이다. 책을 매개로 한 사람들의 정기적인 만남을 과소평가할 수 없는 하나의 이유이다. 책과의 만남이 우리를 이끈다. 사람들과의 만남이 우리를 새로운 길로 안내한다. 책과 사람들과의 만남이 전환점이 될 수도 있다는 것이다.

집현전 학자들을 통해서 훈민정음이라는 한글창제가 이루어지고 농업, 과학, 의학, 음악, 예술 등의 위대한 창조가 이루어지지 않았던가? 리더스클럽에서 매주 새벽 독서토론을 통해서 거창한 것을 창조할 수는 없다. 그러나 확실한 것은 책을 통해서 사람을 통해서 참여하는 회원들이 변화하고 성장한다는 것이다.

정

내가 제일 좋아하는 단어이다.

나의 중심에 꽉 채우고 있는 단어가 정이다.

정만큼 가장 짧으면서도 정감있는 단어가 세상에 존재할 수 있을까?

나의 8할은 '정'이었는지도 모른다.

나의 깊숙이 뿌리박혀 있는 내면 속의 모든 것이 '정'이다.

나를 대표하는 한 단어가 '정'인지도 모른다.

나는 시골에서 자랐다.

나는 시골에서 중학교까지 마쳤다.

시골에서 보고 들은 것이 '정'이다.

내가 가장 좋아했던 어머니가 살아 계실 때 남겨준 최고의 유산은 '정'이다.

나는 어머니가 이웃들과 작은 것이라도 나누어 먹는 따뜻한 모습을 많이 지켜보았다.

그리고 자식들에게 조건없이 베풀던 모습이 지금도 선하다.

나는 앞으로도 '정'이 나의 마음에 중심을 차지하리라.

어머니를 생각하며 항상 '정'을 실천하는 사람이 되리라.

항상 타인을 배려하고 타인의 의견을 존중하고 타인의 성장에 초점을 맞추리라.

그러면서 나도 끊임없이 배움에 정진하리라.

배움은 끝이 없다고 하지 않던가?

항상 '정'을 중심으로 배움의 열정을 유지하리라!

시너지는
마스터마인드에서 나온다

오늘의 삼성전자가 비약적인 발전을 이룬 계기는 무엇인가? 즉 삼성이라는 브랜드에 어느 요소가 가미되어 성장과 발전의 디딤돌이 되었는가?

삼성전자의 터닝 포인트가 된 핵심은 무엇인가?

과연 무엇을 했길래 지금 애플과 맞서는 최고의 기업이 되는 시너지가 창출되었는가?

그 시너지 요소가 무엇인지 곰곰이 생각해보자. 삼성전자가 세계 유수의 반도체 회사들과 경쟁하여 일등기업으로 눈부시게 발전한 비밀이 무엇인가를 연구해보자는 것이다. 정답이 없을 수도 있고 각자가 다른 답을 내놓을 수도 있다. 그러나 생각해보는 것만으로도 가치가 있다.

삼성전자라는 평범한 기업을 세계에서 주목하는 최고의 기업으로 시너지를 내게 한 비결은 무엇인가?

필자는 국적을 가리지 않고 최고의 인재를 영입하여 마스터마인드 그룹을 형성한 것이 시너지를 나게 한 비결이라고 생각한다.

시너지는 마스터마인드에서 나온다. 마스터마인드의 핵심은 하모니다. 함께 하는 사람들이 하모니를 생각할 때 마스터마인드의 힘은 배가되는 것이다.

≪성공의 법칙≫ ≪생각하라, 그러면 부자가 되리라≫ 책을 통해 세계 최고의 저술가이자 동기부여가가 된 나폴레온 힐을 아는가?

마스터마인드라는 단어는 미국 사람들이 발견한 영어로 된 가장 아름다운 단어라고 한다. 나폴레온 힐은 30년 이상 5백 명 이상의 각 계 각층에서 성공한 사람들을 찾아 성공비결을 물었다. 그래서 집대성한 것이 ≪성공의 법칙≫이라는 책이다. 책 속에서 나폴레온 힐은 최고의 성과를 거두며 성공한 사람들의 핵심 성공 요인은 마스터마인드에 있었다고 힘주어 말한다. 그는 덧붙여서 마스터마인드는 다른 모든 성공법칙들을 지지해주고 보완해주고 빛나게 해주는 핵심 성공요인이라고 이야기한다.

마스터마인드의 가장 강력한 힘은 부부에게서 나온다. 가장 많이 만나고 이야기하고 호흡을 같이 하는 사람이기 때문일 것이다. 부부

한정식 시너지 · 하모니

가 강력한 마스터마인드를 형성할 때 그 힘은 말로 표현할 수 없을
만큼 강력하다. 필자가 소개하는 기업의 사례를 보면서 마스터마인
드의 위력을 느껴보자.

리더스클럽은 전주에 있는 ≪효사랑 푸른꿈 작은 도서관≫에서 진
행하고 있다. 이 도서관은 효사랑 병원에서 운영하는 곳인데, 독서토
론을 할 수 있도록 배려해준 것이다.

효사랑 병원은 지금 크게 3개의 병원으로 운영되고 있다. 전국 요
양 병원 중 최대 규모이다. 최근 첫 의료기관 인증 획득을 하기도 했
다. 부부 원장님이 경영을 하는데, 남편인 박진상 원장이 이사장을
하고 있고 부인인 김정연 원장이 총괄 대표원장을 맡고 있다. 처음에
시작은 미미했다. 박진상 원장은 한의원을 그만두었고 김정연 원장
은 우석대 한방병원의 정교수 자리를 박차고 의기투합했다. 부부는
의지를 모아서 미래의 트렌드를 읽고 과감히 도전하였다. 10년 전에
몇 년이 지나면 향후 대한민국의 고령화가 심화될 것이라는 생각을
가지고 요양병원이라는 새로운 개척지를 찾아 나선 것이다. 부부가
함께 병원을 운영하면서 일취월장한 성장 · 발전을 이끌어냈다. 대
한민국 최고의 요양병원으로 자리매김한 것이다.

일전에 김정연 원장님과 담소를 나눈 적이 있다. 향후 전개될 비
전을 말할 때는 그 어느 때보다도 강한 눈빛과 의지를 볼 수 있었다.
지금보다 훨씬 더 병원이 성장할 것이라는 확신을 심어주기에 충분

했다. 몇십 명으로, 몇십 억으로 시작한 병원이 이제는 몇백 명, 몇 백 억의 매출을 기록하고 있으니 이것이 최고의 시너지가 아니고 무엇이겠는가? 이렇게 시너지를 나게 한 힘은 박진상 이사장과 김정연 총괄 대표원장 부부의 아름다운 하모니라고 답한다면 억지일까? 효사랑병원은 아주 강력한 마스터마인드 그룹을 통해서 최고의 성과를 올리고 있는 것이다. 박진상 이사장과 김정연 총괄 대표원장을 비롯한 병원 핵심 간부들은 정기적인 미팅을 갖는다. 지금도 대한민국 최고의 병원이지만 앞으로도 더더욱 어떻게 성장하고 발전할지 기대가 된다.

나는 세계적으로 **유명한** **시너지 경영 전문가**이다

'나는 세계적으로 유명한 시너지 경영 전문가이다. 나는 세계적으로 유명한 시너지 경영 전문가이다. 나는 세계적으로 유명한 시너지 경영 전문가이다…….'

똑같은 말을 매일 15번 쓰는 것은 자성예언이 될까? 매일 15번을 쓰는 것은 각인 효과가 있다. 나는 아직 세계적으로 유명한 시너지 경영 전문가는 아니다. 그러나 나는 시너지 경영 전문가가 될 것이다. 매일 15번을 쓰면서 시너지 경영 전문가가 되기 위한 연습을 하기 때문이다. 시너지 경영 전문가가 되려면 무엇을 준비해야 하는지 무엇을 더 공부해야 하는지 쓰면서 계속 고민하기 때문이다.

몇 년 전부터 시너지만을 생각하고 있다. 시너지라는 단어가 책 속에 신문 속에서 등장하면 가슴이 뛴다. 누군가가 시너지 이야기를 하면 나도 모르게 눈과 귀가 쏠린다. 나는 분명 대한민국을 넘어 세계적으로 유명한 시너지 경영 전문가가 될 것이다.

나에게는 아름답고 멋진 꿈이 있다. 나는 정말로 하고 싶고 잘할 수 있는 비전이 있다. CEO와 리더들의 가슴을 활짝 펴게 하고 싶다. 지금 하고 있는 일에서 새로운 전환점을 마련하는데 도움을 주고 싶다. CEO들에게 유익하고 재미있는 선물을 주고 싶다. 그래서 항상 생각하고 연구한다. 지금 하고 있는 일들 속에서 CEO들이 시너지를 내게 하는 원동력이 무엇일지를 계속 고민하는 것이다. 누구나 지금의 상황에서 개선되고 더 성장하고 발전하기를 원한다. 그런데 무엇을 해서 그렇게 할 수 있느냐가 중요하다. 가장 중요한 핵심을 찾아낼 수 있어야 한다. 그리고 그것에 몰입할 수 있어야 한다. 그것이 바로 시너지를 내게 하는 단초가 된다. 시너지를 내게 하는 힘은 강한 신념과 의지만 있어도 가능하다. 다음에 나오는 강헌구 교수, 애덤 스콧, 짐 캐리의 사례를 보라. 자신이 원하는 것을 15번 이상 쓰고 매일 외치고 상상만 하였어도 그들이 진정 원하는 것을 성취하지 않았던가?

≪가슴뛰는 삶≫의 저자이며 대한민국 비전 전도사 강헌구 교수는 매일 15번 쓰는 것의 효력을 줄기차게 이야기한다. 지금까지 위대한 성취의 비밀은 매일 내가 원하는 비전을 생생하게 그리면서 썼기 때문에 이루어졌다고 그는 힘주어 말하고 있다.

애덤 스콧도 매일 15번씩 썼다고 한다. '나는 세계적으로 유명한 만화가가 되겠다'라고 지속적으로 써서 그가 진정 원하는 꿈을 이루었다. 짐 캐리는 영화배우의 꿈을 실현하기 위해 매일 큰 소리로 외쳤다고 한다. 그리고 미래의 자기가 되고 싶은 모습을 글로 써서 가슴에 품고 다니며 생생하게 상상하는 연습을 하였다고 한다.

매일 쓰고 매일 외친다는 것은 각인시키는 효과가 있다. 멈추어 있지 않고 계속 그것을 생각하게 하는 강한 힘이 있다.

나는 오늘도 15번 이상 쓰고 외친다. '나는 세계적으로 유명한 시너지 경영 전문가이다'라고.

사람들이 가장 소중하게 생각하는 보물 시너지

●

사람들은 누구나 살아온 삶을 통해서 성취한 자원이 있다. 과거의 축적된 자원은 나를 나답게 하는 힘이 있다. 과거의 자원을 되도록이면 자주 많이 꺼내 쓰는 연습을 할수록 자존감과 자부심, 자신감이 증가한다. 과거의 자원을 통해서 신념이 생성된다. 신념은 나를 대표하는 브랜드이다. 확고한 신념이 있으면 흔들리지 않고 앞으로 나아가게 한다. 명확한 신념이 비전을 만들어낸다. 자원과 신념, 비전은 서로 연결되어 있다.

우리는 우리가 원하는 비전을 성취하기를 갈망한다. 비전을 성취하기 위한 비밀이 무엇이라고 생각하는가? 나는 비전을 성취하기 위한 비밀이 시너지라고 생각한다. 시너지를 낼 수만 있다면 이루어지지 않을 비전이 없을 것이라 확신한다. 시너지는 사람들이 가장 소중하게 생각하는 보물이 되어야 한다.

시너지를 내기 위해서 융합, 소통, 하모니, 감사하는 마음을 통합적으로 생각할 때 시너지의 진정한 효과를 검증할 수 있을 것이다.

강력한 마스터마인드 문화를
만드는 일

강희제는 청 왕조가 유지되고 발전하려면 한족의 참여가 절실하다는 것을 알았기에, 만주족과 한족 사이의 갈등을 씻고 화해와 통합을 이룰 수 있는 방안을 끊임없이 고민했다. 그 결과 강희제는 강희 9년인 1670년 '만주족과 한족이 함께 향음주례(鄕飮酒禮)를 거행토록 하라'고 명하여 만한전석(滿漢全席)이라는 대연회 자리를 마련했다.

정진홍의 ≪인문의 숲에서 경영을 만나다 1≫에 있는 내용이다. '만한전석'이라는 대연회가 마스터마인드 문화를 만들었다. 만주족과 한족의 고정관념의 틀을 깨고 뒤섞어 시너지를 이끌어낸 것이다. 강희제는 108가지의 만주족 음식과 한족의 음식을 한 상에 차려놓은 뒤 등용되지 않은 만주족과 한족의 인재들까지 함께 식사하며 화합할 수 있도록 자리를 만든 것이다. 서로를 미워하고 질투하고 시기할지라도 식사를 같이하는 것은 사람을 유연하게 하고 마음을 따뜻하게 하는 매력이 있다.

강희제의 선택은 옳았다. 단지 식사자리를 정기적으로 마련하고 만남의 장을 가졌을 뿐인데 상대방을 조금씩 알게 되고 친밀감이 싹트게 된 것이다.

이것이 바로 시너지의 힘이다. 현재의 상황을 냉철히 분석하고 새로운 전환점을 마련하는 것이 시너지의 매력이다. 무언가 계기를 만들어내서 이전보다 훨씬 더 돋보이게 하고 소통이 되게 하고 하모니를 이루어 성과를 이끌어내는 것이 바로 시너지의 마력인 것이다.

음식을 통한 통합이라는 카드를 쓸 수 있었던 비결이 무엇이라고 생각하는가? 시너지를 생각했기 때문에 가능했던 것이다. 시너지는 윈윈을 이끌어내고 상승 작용을 창출한다. 음식이라는 매개체를 통해서 사람들을 만나게 하여 청나라 133년의 황금기를 이끄는 초석이 되도록 시너지를 내게 하였던 것이다.

지금 고민하고 있는 것이 무엇인가? 지금 무언가 돌파구를 마련하고 싶은 것이 무엇인가? 곰곰이 생각해보자. 곰곰이 생각하며 항상 융합을 생각하고 소통을 생각하고 화합을 생각하며 시너지를 생각하자. 무슨 일이든지 시너지 관점에서 생각해보는 것이 중요하다.

콩나물이 답을 알고 있다

어렸을 때 시골에서 어머니가 콩나물을 기르는 것을 오랫동안 보았다. 콩나물 동이는 물이 밑으로 모두 빠지는 구조이다. 어린 마음에 그것이 신기했다. 콩에 물을 주면 물은 밑으로 다 빠지는데 어떻게 콩나물로 자랄까? 그러나 일정기간이 지나면 어김없이 콩에서 조금씩 싹이 오르기 시작하다가 콩나물로 무성하게 자라곤 하였다. 어머니는 콩나물에 물을 줄 때 어떤 마음을 가지고 주었을까? 1퍼센트라도 물이 밑으로 다 빠지니 콩나물은 자라지 않을 것이라는 의심을 하였을까? 어머니의 마음은 한결같았다. 물이 밑으로 다 빠질지라도 콩나물이 자라지 않을 것이라는 것을 1퍼센트도 의심하지 않았던 것이다. 조금씩 조금씩 콩에 물이 스며들어 시간이 지나면 자랄 것이라는 확신을 하고 있었을 것이다.

우리가 독서를 하는 것도 똑같지 않을까? 사람들이 책을 한 권 두 권 세 권 읽다보면 회의감이 들기도 한다. '이게 과연 도움이 될까? 책을 읽으면 도대체 어떻다는 거야?'라고 생각할 수도 있다. 그러나 어머니가 콩나물에 물을 주면 물이 다 빠져도 콩나물이 100퍼센트 자란다는 확신을 가지고 실제로도 그렇게 되었듯이 독서도 그런 것이다. 책을 읽으면 읽는데로 모든 것이 다 빠져버리고 사라지는 것처럼 보일지 모르지만 조금씩 몸속에 체화되는 것이다. 조금씩 몸속에 체화된 독서의 향이 아름다운 하모니를 연출하고 지식빅뱅을 일으켜 콩나물이 자라는 자연의 이치 속에서 시너지의 지혜가 담겨 있다. 콩나물은 하루 아침에 자라지 않는다. 독서의 효력도 하루 아침에 나타날 리가 없다. 시너지는 콩나물처럼 독서처럼 조금씩 나타나는 것이다. 콩나물이 어머니의 정과 하모니를 이루고 독서가 책을 정말로 좋아하는 사람들과 하모니를 이루듯이 시너지는 내 마음이 결정을 한다. 시너지를 내고 싶은가? 그렇다면 콩나물을 보며 자연의 지혜를 되새김질해보자.

100만 원짜리 **한정식**
드셔 보셨나요?

독서토론 나오면 어때요? 기분이 좋으시죠! 독서토론 오시기 전에 곶감을 즐겨 드셨다면 이제는 곶감을 드시지 않아도 될 것 같아요. 사람들을 만나면서 교감, 공감도 드시구요, 책을 통해서 영감도 드시구요, 또한 성취감과 자신감도 드시는 것 잊지 마세요. 식사를 하실 때 주로 밥과 함께 무엇 무엇을 드시지요? 반찬을 드시잖아요? 이제는 반찬 대신에 칭찬을 드셔보시면 어떨까요? 입 안에 착착 달라붙고 온몸에 감이 오시지요. 앞으로는 유과는 이제 그만 드시고 성과만 드시면 어떨까요?

좋은 책을 읽고 좋은 사람들과 매주 토론을 하는 것이 가치있는 일이라고 생각하지 않으세요? 그렇다면 지금까지는 김치, 갈치, 멸치, 참치 등을 주로 드셨다면 이제는 가치를 드시는 것이 어때요? 사람들에게 에너지를 주고 유익을 주고 재미를 주고 감동을 주는 독서토론 모임의 장이 가치있는 일이잖아요.

책을 읽다보면 혹 여러분들이 어린 시절부터 고이 간직했던 꿈이 꿈틀대면서 도전해보고 싶은 충동이 일어나지 않나요? 책은 우리에게 비전을 잉태하게 하는 마력이 있잖아요. 게다가 꿈을 함께 공유하는 것은 우리에게 힘을 불끈불끈 솟게 하기도 하잖아요. 이제는 파전, 김치전, 고추전, 감자전 대신에 가수 비가 즐겨 먹었다는 비전을 즐겨 드셔보시는 것이 어때요? 비전을 드시면서 간간히 도전도 드시구요.

나의 첫 번째 책 ≪책향기 사람향기≫에 나와있는 내용이다. 나는 2002년부터 리더스클럽이라는 독서토론을 운영해왔다. 독서토론을 매주 토요일 새벽 6시 40분에 시작해서 9시까지 하다보니 아침에 식사를 빨리 하는 사람들은 배가 고팠을 것이다. 그래서 생각한 것이 '100만 원짜리 한정식'이었다. 아침에 리더스클럽 독서토론 모임에 참석한 회원들에게 맛있는 밥을 제공하는 대신에 마음으로 배부를 수 있도록 한정식을 멋지게 차려주고 싶었다. 그래서 나는 연구하기 시작했다. 6개월 정도 몰입을 했다. 차를 운전하면서 길을 걸으면서 어디서든 '100만 원짜리 한정식'을 생각했다. 매주 새벽에 참석하는 회원들에게 무언가 도움을 주고 싶었다. 밥상을 직접 차려줄 수는 없지만 마음으로 회원들에게 배부름을 느끼게 하고 싶었다. 몰입하다보니 한정식이 차려졌다. ≪책향기 사람향기≫책에 7페이지를 차지

한정식 시너지 · 하모니

할 정도로 많이 준비를 했다. 한정식은 하모니의 산물이다. 음식으로 한정식을 차릴 수도 있지만 마음으로 한정식을 차릴 수도 있다. 배가 부르지 않아도 마음으로 배를 부르게 할 수도 있다.

나는 일주일에 책 한 권을 읽고 이른 새벽에 나와서 독서토론을 하는 것의 가치를 음식으로 전달하고 싶었다. 회원들에게 마음을 풍요롭게 해주고 싶었다. 내가 몰입해서 회원들에게 이야기를 하니 모두들 미소를 지었다. 무척 좋아했다.

몰입은 시너지를 낳게 한다. 몰입은 사람들에게 미소를 선사한다. 몰입은 시너지를 나게 하는 촉매제이다. 그런 의미에서 '100만 원짜리 한정식'은 리더스클럽 회원들에게 정성스런 내 마음이 담긴 최고의 선물인 것이다.

빌 게이츠, 워런 버핏이
부럽지 않다

2013년 5월 6일 중앙일보에 게재된 '전 세계 색깔있는 빈방, 여행자들 꿈으로 엮었죠'가 내 눈길을 사로 잡았다.

미국 샌프란시스코에 사는 세 청년이 기존 숙박업에 공유의 개념과 IT 기술을 결합한 빈방 공유 사이트를 열어 폭발적인 반응을 이끌어냈다. 전 세계 숙소를 가진 사람과 숙박을 원하는 사람을 중계해주면서 소셜네트워크서비스(SNS)를 통해 이용후기를 볼 수 있게 한 점이 유효하게 작용을 했다.

6년간 192개국 35,000여 개 도시 30여 만 개 이상의 숙소가 등록됐고, 자그만치 400여 만 명의 여행자가 이 사이트를 통해 숙소를 예약했다고 한다. 요즘 창조관광의 성공 사례로 손꼽히는 '에어비앤비(Airbnb)' 이야기이다. 현재 애어비앤비의 기업가치는 약 2조 7000억

원으로 추산된다. 브라이언 체스키, 조 게비아, 블레차르치크 세 명이 의기투합한 것이다. 세 명이 머리를 맞대어 아름다운 하모니를 연출한 것이다. 기존에 없는 것을 새롭게 창조한 것이 아니라 기존에 존재하고 있는 사람과 사람을 연결한 것이다. 숙소를 가지고 있는 사람과 숙박을 원하는 사람을 자연스럽게 연결한 것 뿐이다. 항상 성수기가 아니기에 틈새를 찾아 빈방 공유 사이트라는 기막힌 아이디어를 생각해낸 것이다. 세 명이 뭉쳐서 1차 하모니를 이루어냈고 숙소를 가진 사람과 숙박을 원하는 사람이 뭉쳐 2차 하모니를 연출했다. 공유의 개념과 SNS IT 기술을 결합한 것은 전형적인 융합의 대표적인 사례라 할 수 있다. 이것이 바로 시너지의 힘이다. 시너지는 융합이 일어나고 소통이 되고 하모니가 연출되면 기대 이상의 괄목할만한 성과를 창출해낸다.

리더스클럽은 2002년도에 3~4명이 모여 매주 한 권의 책을 읽고 독서토론 모임을 해보자는 취지에서 시작되었다. 지금 리더스클럽은 매주 30~40명이 독서토론 모임에 참석한다. 독서토론만 3파트나 진행이 되고 있고 아카데미, 포럼, 문화나눔 콘서트도 한다. 그리고 회원들이 기업체나 동사무소, 도서관 등 관공서에서 독서토론 진행을 하고 특강도 하고 있다. 회원들이 사내에서 독서토론 모임을 만들어 진행하기도 한다. 서울, 부산, 대구, 광주, 대전, 군산, 익산, 성남, 진주 등에서 벤치마킹을 하러 오고 직접 해당 지역에서 독서모임을 만들기도 하였다. 이것이 바로 시너지가 아니고 무엇인가? 시너지는 거창한 것이 아니다. 한 곳을 응시하고 몰입할 때 시너지는 자연스럽게 나기 마련이다. 리더스클럽을 운영하면서 훌륭한 회원들을 많이 만나고 지금도 그분들과 돈독한 관계를 맺고 있다. 빌 게이츠나 워런 버핏이 부럽지 않은 이유이다.

시너지를 내고 싶다면 무언가 고민을 해야 한다. 새로운 한 가지를 선택해야 한다. 기존에 하던 것에 색다른 무엇인가를 입혀야 한다. 새로운 것과의 결합을 시도해야 한다. 꼭 없던 것을 만들어낼 필요는 없다. 기존에 있는 것 중에서 융합을 시킬 것이 무엇인지, 더불어 소통을 중심에 두고 하모니를 생각하게 되면 시너지는 자연스럽게 나지 않겠는가?

뺄셈의 미학
빼는 것도 시너지다

●

전국을 누비며 강의를 하는 원장님과 대화를 나눌 기회가 있었다. 시간이 갈수록 바쁘기는 한데 실속이 없다고 하신다. 자꾸 가지수만 늘어나고 특화된 자신만의 브랜드가 없단다. 최근에 기존 강의 콘텐츠에 코칭을 추가했다고 한다. 주위에서 권유도 하고 본인이 생각하기에도 괜찮을 것 같아서 몇 년 동안 투자를 해서 전문가가 되기 위한 준비작업을 마쳤다고 한다. 그러면서 걱정을 하고 있었다. 기존에 강의하던 주제도 몇 가지가 있었는데 코칭까지 추가가 되면 시장에서 어떻게 평가할지 걱정이 된다고 하셨다.

시너지의 핵심은 섞는 것이다. 시너지의 본질은 기존에 가지고 있던 자신만의 콘텐츠에 새로운 것을 얹혀서 성과를 내는 것이다. 그러나 꼭 더하기만 시너지 효과가 발생할까? 시너지를 내기 위해서는 때로는 뺄셈의 미학도 필요하다. 기존에 하고 있던 것을 빼는 것이 쉽지는 않을 것이다. 내가 기울인 정성과 시간을 생각하면 더욱 그러하다. 그래도 과감하게 정리를 해야 한다. 정리를 하고 한두 가지에 선택·집중·몰입해야 시너지 효과가 극대화된다. 해야 할 것을 선택하는 것도 중요하지만 하지 말아야 할 것을 정하는 것은 더욱 중요하다. 하지 말아야 할 것을 명확하게 정하게 되면 집중력이 배가 된다. 결국에는 내가 해야 될 부분에 집중하게 되어 전문가가 되는 것이다.

지금 당신이 하고 있는 일을 점검해보라. 지금 당신이 하고 있는 일이 너무 분산되어 있지는 않은지 곰곰이 생각해보라. 너무 많아 몰입이 되지 않는다고 생각하면 과감하게 버리는 작업을 하라. 버리는 것이 포기하는 것이 시너지를 낼 수도 있다. 왜냐하면 하나를 버리는 것은 기존에 남아 있는 콘텐츠에 두 배 이상의 집중을 이끌어낼 수 있기 때문이다.

음식점을 들어가서 메뉴표를 유심히 살펴보라. 메뉴표가 빼곡히 수십 가지가 쓰여 있는 음식점은 전문 음식점 냄새가 나지 않는다.

너무 많은 욕심을 부리기 때문에 이도 저도 아닌 것이다. 전문적인
메뉴가 없이 가지수만 많으면 경쟁력이 없다. 차별화할 수가 없다.
결국 고객을 유혹하는데 실패할 것이다. 지금 하고 있는 일에 새로운
것을 추가하는 것도 중요하지만 기존에 하고 있는 메뉴표에서 과감
하게 제거해야 될 메뉴를 고르는 것도 중요하다. 시너지는 덧셈뿐만
아니라 뺄셈에서도 마술을 부릴 수가 있기 때문이다.

가치는 같이 있을 때
더욱 빛난다

사람과 사람이 만날 때

각자 양보하고 조화를 이룰 때 혼자 있는 것보다 더 즐거워지듯이 밥알, 고추냉이, 초양념, 생선이 조화를 이룰 때 최고로 맛있는 초밥이 된다.

안효주가 지은 ≪안효주, 손끝으로 세상과 소통하다≫라는 책에 있는 내용이다.

서로 양보하고 상대방을 인정하고 배려할 때 조화가 이루어지고 가치가 올라간다. 둘이 만나서 새로운 부가가치를 창출할 수가 있다는 것이다. 둘이 만나서 셋이서 열 명이서 할 수 있는 일도 만들어낼 수 있다. 밥알 따로 고추냉이 따로 초양념 따로 생선 따로일 때 무슨 의미가 있겠는가? 밥알, 고추냉이, 초양념, 생선이 같이 있기 때문에 가치가 있는 것이다. 같이 있기 때문에 가치가 더욱 빛나는 것이다.

'한국의 미스터 초밥왕'인 스시효의 창시자 안효주 사장은 손님들에게 최고의 초밥을 선사하기 위해 '깊이 있고 은근한 사랑 같은 소금'을 찾기 위해 전북 고창 일대를 뒤지고 다녔다. 그때 그는 20년 이상 요리하면서 한번도 맛보지 못한 요상스런 소금을 발견하였다고 한다.

안효주 사장은 이야기한다. 이렇게 나의 혀를 놀라게 한 기막힌 소금의 맛은 어디에 있을까? 그가 내린 답은 이렇다. '바다와 갯벌, 햇볕과 세월, 그리고 할머니의 정성이 절묘한 조화를 이루어 만들어낸 맛이다'라고. 최고의 소금 맛은 융합, 소통, 하모니의 산물이었던 것이다. 자연 속에서 자연스럽게 융합이 이루어졌고 할머니의 따뜻한 마음이 소통을 이끌어냈으며, 자연과 할머니의 정성이 하모니를 연출한 것이다. 이것이 바로 시너지다.

시너지는 호기심을 가지고 섞는 것이고, 원활한 커뮤니케이션을 생각하는 것이고, 아름다운 하모니를 이끌어내는 것이다. 융합이 일어나고 소통이 이루어지며 하모니가 연출될 때 시너지는 자연스럽게 창출된다. 떨어져 있을 때 보이지 않고 숨겨져 있던 것이 같이 있을 때 더욱 돋보이고 빛나는 것이 시너지의 힘인 것이다. 시너지는 같이 있을 때 가치를 더욱 발휘하게 하는 것이라고 정의할 수 있다.

한정식 시너지 · 하모니

다른 사람의 삶에
가치를 더하기 위해 노력하라

'언제 어디에서나 누군가에게 도움을 줄 수 있을지 생각하면서 주위를 둘러봐야 합니다. 모든 사람들은 자신만의 방식으로 스스로의 가치를 실현시킬 수 있어야 합니다. 당신 자신이 아닌 다른 사람을 위해서 시간을 할애하십시요. 꼭 기억해야 합니다. 당신은 이 세상에서 혼자 사는 것이 아닙니다. 당신의 형제들도 함께 살아가고 있습니다.'

1952년 노벨평화상을 수상한 알베르트 슈바이처가 한 말이다. 슈바이처는 다른 사람들에게 진정으로 봉사하는 것이 가치있는 삶이라고 이야기하고 있다. 누군가에게 도움을 준다는 것은 그 사람의 인생에 가치를 더하는 것이다. 가치가 더해지면 누구든지 삶의 질이 향상될 수 있다. 마스터마인드는 아름다운 하모니의 또 다른 이름이다. 영어로 된 단어 중에서 가장 아름다운 최고의 단어가 마스터마인드라고 하지 않던가? 마스터마인드, 즉 아름다운 하모니의 출발점은 다른 사람을 위하는 마음에 있는 것이다. 나를 넘어서서 다른 사람의 인생에 가치를 더해줄 수 있을 때 강력한 마스터마인드 그룹이 형성될 수 있다.

내가 속해 있는 팀이나 조직, 그리고 단체에서 우리 모두가 진정으로 타인의 가치를 위해 봉사하고 헌신할 수 있다면 마스터마인드 그룹이 자연스럽게 이루어질 수 있을 것이다.

아름다운 하모니를
연출하라

아름다운 하모니하면 생각나는 것이 오케스트라이다.

하모니의 핵심은 튀는 것이 아니라 함께 하는 것이다.

튀는 것은 개별적으로 강함을 수반하지만 함께 할 때는 균형을 깨트린다.

오늘 한번 질문을 해보자.

나는 튀는 사람인가?

나는 함께 할려고 노력하는 사람인가?

그리고 또 한 번 질문을 던져보자?

어떻게 하면 아름다운 하모니를 연출할 수 있을까?

해답은 이 글을 읽는 각자의 마음속에 이미 존재하고 있을 것이다.

　그러나 질문을 하게 되면 더 깊이 생각해보는 멋진 시간을 가지게
될 것이다.

　대한민국을 대표하는 음식인 한정식의 힘은 무엇보다도 아름다운
하모니인 것이다. 한정식의 미학은 각자의 존재를 인정하는 것이다.
단지 상대의 가치를 인정하고 한 곳에 머물면서 각자의 색깔을 그대
로 유지하는 것이다. 중요한 것은 한 곳에 머무는 것이다. 한 곳에서
벗어나면 힘을 발휘하지 못한다. 한 곳에 모여서 각자의 색깔과 빛깔
을 인정하고 존중할 때 가치가 올라간다.

　한정식의 메뉴가 한 상에 조합을 이루지 않고 따로따로 존재한다
면 한정식은 존재가치가 없어지는 것이다. 각자의 달란트는 다르지
만 함께 있으면서 서로 다른 향기를 발산할 때 한정식의 가치는 무한
대로 올라간다. 각각의 힘은 미약하지만 함께 하면서 힘이 배가 되
기 때문이다.

　시너지를 내고 싶은가? 그렇다면 지금 당신이 속해 있는 조직의 한
사람 한 사람을 존중하고 인정해주는 연습을 시작해보라. 강요나 질
투가 아니라 따뜻한 마음을 가지고 아름다운 미소로 대할 때 시너지
의 힘은 배가 된다. 한 명이 소중하다. 한 명이 또 한 명에게 열정을
전염시킨다. 한번에 한 사람씩 진정성을 가지고 인정하고 존중하는
연습을 해보자. 한 명이 전부이다. 한 명이 전체를 대변한다. 처음부
터 너무 거창하게 시작하지 말고 한번에 한 사람씩 하모니를 내기 위
한 도전을 시작해보는 것이다.

SYNERGY
융합 Convergence
소통 Communication
하모니 Mastermind
감사 Service

SYNERGY

PART 4

겨울

시루떡 시너지

감사(Service)

사람의 마음을 움직이는 시너지, 감사

감사하는 **마음**은 사람을 움직이는
비전 성취의 **열쇠**이다

론다 번이 ≪시크릿≫ ≪파워≫ ≪매직≫이라는 책을 연달아 내놓았다. 나는 이 세 권의 책을 정독하면서 성취의 비밀이 무엇인지, 비전 성취의 파워는 어디에 있는지, 비전 성취의 매직은 어떻게 일어나는지를 연구해보았다. 나는 세 권의 책에서 이에 대한 답을 발견할 수 있었다.

세 권의 책에서 지속적으로 주장하는 키워드가 발견되었다. 그것은 다름아닌 '감사'라는 단어였다. 매사에 '감사합니다'를 실천하는 것이 시크릿, 파워, 매직이 일어나는 핵심이었다.

론다 번은 정말로 원하는 것이 있으면 항상 이룬 모습을 상상하고 감사의 마음을 가지라고 주장한다. 감사의 마음을 갖는 것이 비전 성취의 열쇠이자 파워이자 매직이라는 것이다. 감사하는 마음을 갖는 것은 마음을 지배하고 마음을 움직이는 특효약의 효능이 있다. 감사하는 마음은 마음을 풍요롭게 하고 평화를 이끌어낸다. 감사하는 마음을 가지면 삶이 재미있어진다. 감사하는 마음을 가지면 삶에 열정이 생기고 자신감이 생긴다. 왜냐하면 감사하는 마음을 가지게 되면 모든 것이 새롭게 보이고, 모든 것이 이루어질 수 있다는 확신이 들기 때문이다. 관건은 지속적으로 감사하는 마음을 갖는 것이다.

감사하면 온 마음이 우주의 창조적 에너지와 조화를 이루게 된다. 이 사실이 낯설게 느껴진다면 잘 생각해보라. 그것이 참이라는 점을 알게 되리라.

- 월러스 워틀스 ≪지혜≫ -

새로운 사람 한 명이 기쁨을 주는 것
이것이 바로 시너지의 본질이다
●

나는 주말이면 어김없이 글을 쓰기 위해서 커피숍을 간다. 한참 글 쓰기에 몰입하고 있는데 옆자리에 아이들 4명이 와서 재미있게 이야기를 시작한다. 즐겁게 뛰놀았는지 땀으로 목욕을 한 듯하다. 그런데 재미있는 풍경이 벌어지고 있었다. 4명이 왔는데 시원한 주스는 세 명만 마시고 있지 않는가? 나는 호기심이 발동해서 아이들에게 질문을 했다.

'너희들 친구들이냐?'

'뭐하고 놀았냐?'

'몇 학년이냐?'

'그런데 세 명은 주스를 마시고 있는데 한 명은 왜 안 마시고 있냐?'

전주에 있는 초등학교 6학년 친구들이었다. 네 명 친구들은 방방을 타면서 열심히 놀았단다. 그리고 너무 더워서 커피숍으로 들어온 것이다. 그런데 아이러니하게도 돈이 조금 모자랐다. 그래서 한 명은 세 명이 음료수를 마시는 것을 구경만 하고 있었다. 물론 친구들이 조금씩은 나누어 주었지만 말이다. 나는 아이스티를 주문해 주었다. 아이의 얼굴이 금세 밝아졌다. 시너지는 거창한 것이 아니다. 시너지는 결합해서 플러스 효과가 발생하는 것이다. 그 아이들이 내 옆에 앉지 않았더라면 나는 그렇게 행동할 수도 없었을 것이다. 내 옆에 앉아 나와 인연이 되었기에 기분이 좋아진 것이다.

시너지는 얹히고 혼합하고 함께 하는 것이다. 시너지는 함께 했을 때 긍정적인 마음가짐이 일어나고 플러스 성과로 이어지는 것이다. 시너지는 행복으로 가는 징검다리이다. 시너지를 내기 위해 노력하면 모든 것이 시너지 대상이 될 수 있다.

시너지는 기업을 운영하는 CEO에게 있어서는 필수 아이템이다. 기업을 운영하는 CEO가 항상 시너지를 머릿속에 생각하고 실천으로 옮긴다면 멋진 일이 발생할 것이다. 어떻게 하면 회사의 매출을 올릴 것인가? 어떻게 하면 직원들과 하모니를 이룰 것인가? 어떻게 하면 고객들과 공감대를 형성할 것인가? 무엇을 융합해야 현재의 상황을 반전시킬 것인가?

시너지는 지속적으로 질문을 하는 것이다. 시너지를 내기 위한 긍정적인 질문이 회사를 탈바꿈시킬 수 있다. 지속적으로 질문하고 답하다 보면 새로운 전기가 마련될 수 있을 것이다. 이것이 바로 시너지의 본질이자 시너지의 힘이기 때문이다.

감사는 시너지의
열쇠

지미 카터 대통령은 대통령으로 재직할 때보다 대통령에서 물러난 뒤에 더 인기 있는 사람으로 변모했다. 세계 평화의 전도사로, 사랑의 집짓기 운동으로 미국 사람들에게 있어서 가장 훌륭하고 존경받는 전직 대통령이 되었다. 지미 카터 대통령이 이렇게 대통령 퇴임 후에 왕성하고 활발한 공헌 활동을 할 수 있는 힘은 평소에 감사의 마음을 실천하고 있는데서 찾아볼 수 있다. 매사를 항상 긍정적으로 생각하고 자연과 사람에 대한 따뜻한 마음이 있었기에 그리고 감사의 마음을 지속적으로 실천하였기에 그는 최고의 전성기를 구가하고 있는 것이다. 감사의 마음을 통해 지미 카터 전 대통령은 용기와 자신감을 얻었고 과거보다 현재에 충실한 삶을 살 수가 있었다.

감사는 앞으로 나아가게 하는 힘이 있고 한 곳에 안주하지 않고 새로운 선택을 하도록 하며, 집중과 몰입을 이끈다. 감사하는 마음을 가지면 엔돌핀이 생기고 나를 뛰어넘기 때문이다. 또 감사하는 마음을 가지면 나를 넘어 다른 사람을 향할 수 있게 된다. 또한 감사하는 마음은 성과를 내도록 돕는다. 더불어 에너지가 생기고 시너지가 생긴다.

감사하는 마음을 가지면 자연스럽게 원하는 것이 당신에게 오기 시작한다. 그리고 감사의 태도는 창조적으로 생각하도록 인도하며 경쟁 마인드에 휩싸이는 것을 막아준다.

일어나는 모든 좋은 일에 감사하라. 그것을 습관처럼 만들라. 끊임없이 감사하라. 주변의 만물이 당신의 성장과 발전을 돕고 있으므로 그 모든 것에 대해 감사하라.

월러스 워틀스의 ≪지혜≫에 있는 내용이다.

월러스 워틀스는 감사하는 마음을 가지면 당신이 원하는 것이 무엇이든지 이룰 수 있다고 이야기한다. 감사의 마음을 가지게 되면 경쟁 마인드에서 벗어나 새롭고 획기적인 아이디어가 떠올라 창조적인 생각을 가지게 됨으로써 당신이 정말로 원하는 것을 성취할 수 있다고 한다.

그러니 꼭 모든 일에 감사하는 마음을 갖는 것을 습관이 되게 하고, 주변의 만물이 당신의 성장과 발전을 돕고 있으므로 끊임없이 감사하는 마음을 가지기 바란다.

월러스 워틀스의 이야기를 귀담아 들어보자. 감사하는 마음을 가지게 되면 전환점이 마련된다고 하지 않는가? 감사의 마음을 가지게 되면 당신이 진정 이루고 싶은 비전을 반드시 이룰 수밖에 없다고 하지 않는가?

감사 파워
'고맙습니다' '감사합니다'

하루에 100번 이상 외쳐라.

알베르트 아인슈타인은 매일 100번 '감사합니다'를 큰소리로 외쳤다고 한다. 왜냐하면 자신의 삶이 다른 이의 노고에 의존하고 있다는 것을 스스로 일깨우기 위해서이며 자신이 받은 만큼 돌려주기 위해서라고 한다.

아인슈타인은 감사의 힘을 알고 있었나보다. 그렇지 않고서야 어떻게 매일 '고맙습니다', '감사합니다'를 외칠 수 있었겠는가? 감사하는 마음이 체화되면 상상하는 것 이상의 성과를 창출할 수 있다. 아인슈타인이 우리에게 그 답을 알려주고 있지 않는가?

‘사장님 잘 지내시죠. 제가 꼭 필요해서 그런데 바닷가 근처에 가
시게 되면 보드라운 돌멩이 하나 주어다 주시면 안될까요?’
‘아니 돌멩이는 어디에 쓰시려고요.’
‘예, 사장님! 꼭 필요한데가 있어서요.’

최근에 부안에 있는 지인한테 변산이나 격포 바닷가 근처에 가시
면 꼭 부드러운 돌멩이 한 개 부탁드린다고 전화를 했다.
그러니 지인께서 도대체 돌멩이를 어디에 쓸거냐고 계속 궁금해
하신다. 그러나 어디에 쓸 것인지는 말하지 않았다. 그로부터 며칠
이 지난 뒤에 전화가 왔다.

‘회장님. 바닷가에 왔는데 어떤 돌멩이가 필요하세요? 그리고 도
대체 뭐할려고 하세요.’
‘네, 사장님. 작고 아담하고 보드라운 돌멩이요. 호주머니에 넣고
다니면 좋을 정도로 작고 귀여운 것으로요.’

통화를 한지 일주일 정도 지난 뒤에 사장님한테 또 전화가 걸려
왔다.
‘회장님! 전주에 볼일이 있어서 왔는데 시간 괜찮으세요?’
‘네, 괜찮습니다. 돌멩이는 가지고 오셨지요?’
‘당연히 가지고 왔지요. 어디서 뵐까요?’

이렇게 해서 나는 부안에서 사업하시는 사장님을 전주에서 겸사겸사 뵙게 되었는데, 오랜만인지라 너무 반가웠다. 만나자마자 사장님은 돌멩이 이야기부터 꺼내셨다.

'회장님 돌멩이를 주울 때부터 내내 그리고 여기에 올 때도 계속 궁금했어요? 도대체 돌멩이를 어디에다 쓰시려는 거에요?'

'네, 아무것도 아니에요. 어디 쓸데가 있어서요.'

'그래도 내가 주어다 드리는데 알려주셔야지…….'

내가 돌멩이를 사장님한테 부탁한 것은 이런 연유이다. 나는 매일 감사의 마음을 갖고 싶었다. 감사의 마음을 갖는 것을 쉬지 않고 하기 위한 계기를 만들고 싶었다. 그때 머릿속에 아이디어가 떠올랐다. 오랫동안 책을 읽다보니 몇 권의 책에서 돌멩이 이야기를 접했던 기억이 난 것이다.

'맞아 그거야! 호주머니에 돌멩이를 넣어가지고 다니는거야. 그러면서 호주머니에 손을 넣을 때마다 돌멩이를 자연스럽게 만지게 되면 그때마다 '감사합니다'를 외쳐보는 거야. 아주 소소한 것이라도 좋으니 돌멩이에 손이 닿을 때마다 '감사합니다'를 속으로 말하거나 큰소리로 외쳐 보는 거야'라고 결심을 한 것이다.

나는 돌멩이를 호주머니에 넣어 다니고 있다. 수시로 호주머니에 손을 넣을 때마다 '감사합니다'를 연발한다.

'오늘 긍정적인 생각을 가질 수 있어서 감사합니다.'

시루떡 시너지 · 감사

'오늘 책을 읽고 편안한 마음을 갖게 되어서 감사합니다.'

'오늘 사람들을 만나서 소통할 수 있어서 감사합니다.'

'오늘 걸으면서 시원한 공기를 마실 수 있어서 감사합니다.'

'오늘 새로운 목표를 갖게 해주어서 감사합니다.'

'오늘 맛있는 밥을 먹을 수 있어서 감사합니다.'

매일 매순간에 호주머니에 손을 넣을 때마다 감사의 마음을 갖게 되니 기분이 좋아진다. 마음이 편안해지고 스트레스가 사라진다. 겸손의 마음이 생기고 두려움이 사라지고 용기와 자신감이 생긴다. 아직 오랜 기간 동안 실천한 것이 아니기 때문에 돌멩이를 통한 감사의 마음을 갖는 것에 대한 성과를 예단할 수는 없다. 그러나 확실한 것은 일단 내 기분이 좋아진다는 것이다. 내 마음이 편안해지고 행복해진다는 것이다. 앞으로 멈추지 않고 계속 '감사합니다'를 실천한다면 내가 원하는 것을 이룰 수 있으리라 확신한다. 분명 내가 잘하고 싶고 성과를 내고 싶은 분야에서 시너지를 창출할 수 있을 것이다.

찰떡 궁합
펩톡과 긍정적인 정신

《성취심리》 베스트셀러 저자이자 세계적으로 유명한 동기부여가인 브라이언 트레이시는 매일 펩톡을 외쳤다. 펩톡은 내가 좋아하는 긍정적인 문구를 말한다.

'나는 내가 좋다.'

'나는 나를 사랑한다.'

'오늘은 내게 무언가 정말 멋진 일이 분명히 일어날거야.'

틈만 나면 중얼거렸다고 한다. 사람들이 있는 곳에서는 속으로 중얼거리고 사람들이 없는 곳에서는 큰소리로 외쳤다고 한다. 아침에도 점심에도 저녁에도 돈을 벌지 못할 때도 돈을 많이 벌 때도 외쳤다고 한다. 힘들고 어려운 시절부터 매일 매순간 펩톡을 외치니 기분이 좋아졌다고 한다. 기분이 좋아지니 실적이 올라가고 사람들과의 관계가 좋아졌다고 한다.

내가 좋고 나를 사랑하는 마음이 몸속에 체화되면 어떤 일이 발생할까? 매사에 자신감이 증가되고 부정적인 생각이 사라지면서 긍정적인 생각이 몸 전체를 지배하게 된다.

펩톡을 습관화하라!

당신이 좋아하는 문구를 찾아라!

당신에게 힘을 줄 수 있는 문장을 발견하라!

책 속에서 찾을 수도 있고 명언 속에서 찾을 수도 있다. 스스로 좋아하는 문구를 만들 수도 있다.

심리학의 대가 에밀 쿠에 박사도 매일 펩톡을 외쳤다고 하지 않는가? '나는 모든 점에서 매일 점점 더 좋아지고 있다.'

나도 종종 펩톡을 실천하고 있다. '나는 유연한 사람이다', '나는 인간적인 매력이 철철 넘치는 사람이다', '나는 유머감각이 있는 사람이다', '나는 최고다', '나는 베스트셀러 저자가 될 것이다.'

펩톡을 외치면 생각이 바뀐다. 펩톡을 큰소리로 외치면 기분이 좋아지고 스트레스가 사라진다. 또 열정과 에너지가 생기고 긍정적인 정신자세로 바뀐다. 펩톡이 긍정적인 정신자세(PMA)를 불러오고 감사의 마음을 들게 하기 때문이다.

시너지를 내고 싶으면 펩톡을 외쳐야 한다. 시너지를 내고 싶으면 긍정적인 정신자세로 마인드 전환을 해야 한다.

이솝우화에서 배우는
시너지 철학

●

어린양이 호기심에 혼자 울타리를 나왔다. 울타리를 벗어나니 날아갈 듯이 기뻤다. 꽃도 보고 풀도 보고 시냇물도 보았다. 울타리 안에서 보았던 것과 다른 느낌이었다. 한참 자연 속에 푹 빠져 있을 때 늑대가 나타났다. 어린양은 늑대를 보자 겁이 나고 두려움이 앞섰다. 그러나 어린양은 살고 싶었다. 단순히 살고 싶은 것이 아니라 간절한 마음으로 살고 싶었다. 어린양이 살고 싶은 마음이 간절하다고 해서 늑대가 어린양을 살려줄까? 어린양은 간절함을 가지고 무언가 늑대를 설득할 명분을 만들어야 했다. 어린양은 짧은 순간에 통찰력을 발휘했다.

'늑대 아저씨, 저에게 죽기 전에 딱 한 가지의 소원이 있어요. 제가 죽기 전에 피리소리를 들으면서 춤을 추는 것이 소원이었어요. 늑대 아저씨가 피리를 좀 불어주세요. 저는 춤을 출테니까요.'

늑대가 어린양의 소원을 들어주었을까 들어주지 않았을까? 죽기 전에 마지막 소원이라는데 들어주지 않을 리가 있겠는가? 어린양은 피리소리를 듣고 달려온 양치기 소년과 사냥개 덕분에 살아날 수가 있었다.

이솝우화의 교훈은 우리에게 어떤 메시지를 주고 있는가? 시너지를 내려면 간절함이 필요하다고 강조하고 있다. 시너지를 내려면 통찰력이 필요하다고 주장하고 있다. 간절함과 통찰력이 하모니를 이루면 강력한 시너지 효과가 창출되는 것이다. 지금 하고 있는 일에서 시너지를 내고 싶은가? 그렇다면 간절한 마인드를 가져보자. 더불어 기지와 지혜를 발휘할 통찰력을 섞어보자. 간절함과 통찰력이 찰떡궁합으로 만날 때 시너지 효과는 무한대로 창출될 수 있다.

시너지의 **비밀 병기**
선명한 **목표**

시너지를 내려면 아주 명확한 목표를 가져야 한다. 목표는 어느 누구도 대신해줄 수 없다. 내가 원하는 것을 누가 대신해줄 수 있겠는가? 내가 원하는 것을 내가 정해야 한다. 내가 원하는 것을 자신이 중심이 되어 선명하게 정해야 한다. 그래야 시너지를 낼 수 있다. 그래야 성과를 낼 수 있다. 그래야 원하는 목표를 이룰 수가 있다. 내가 정말로 원하는 것을 정하고 머릿속에 잊혀지지 않도록 컬러로 선명하게 그릴 수 있어야 한다. 목표가 내 시야에서 멀어지지 않도록 노력해야 한다.

나는 첫책 ≪책향기 사람향기≫를 출간하는데 7년이 걸렸다. 최근에 쓴 책들은 1년이 걸리지 않고 써내고 있다. 앞으로 쓰는 책들은 시간이 더 당겨질 것이다. 7년과 1년의 차이는 무엇일까? 7년이 걸린 것은 나의 목표 시야에서 멀어졌기 때문에 많은 시간이 소요되었을 것이다. 목표를 이루는 열쇠는 선명한 목표에 달려 있다. 선명한 목표를 정하게 되면 몰입을 이끌어낸다. 우선순위의 첫 번째로 자리매김하는 효과도 있다.

시너지를 내려면 명확한 목표를 정해야 한다. 그래야 흔들리지 않고 앞으로 나아갈 수 있다. 초점에서 멀어지지 않고 한 방향으로 전진하는 힘은 선명한 목표를 정하는 것이다. 선명한 목표를 정하는 것이야말로 시너지를 이루는 비밀병기이자 전제 조건이다. 시너지를 내고 싶은데 원하는 것이 없다면 어떻게 시너지를 낼 수 있겠는가?

어머니들은 모두
감사의 **달인**

시골에서 살던 초등학교 때의 일이다. 시내에 살던 친척들이 집에 찾아오시면 먹을 것을 선물로 사오곤 했다. 어린 마음에 많이 먹고 싶은데 어머니는 꼭 동네 사람들에게 나누어주었다. 떡을 해서도, 엿을 만들었을 때도, 고구마와 감자를 삶아서도 이웃집 사람들에게 나누어주곤 했다. 자그마한 것을 나누어 줄 수 있다는 것은 미덕이다. 상대방을 향한 따뜻한 마음이 없으면 나누어줄 수 없다. 나눔은 감사의 또 다른 이름이다. 나눔을 실천한다는 것은 감사의 마음을 갖지 않으면 실천하기가 어렵다. 시골에서 자라면서 오랫동안 보아온 진풍경이다.

나의 **탁월**하고
즐거운 **자원**

당신의 자원은 무엇인가? 당신의 자원을 많이 끌어낼 수 있으면 감사는 저절로 이루어진다.

당신의 자원은 자신이 살아오면서 성취한 것으로 감동적인 순간을 기억하는 것이다. 또 나를 미소짓게 한 일이고 설레고 행복하게 한 사건이다. 당신의 자원은 가까이에 있으며 얼마든지 꺼내 쓸 수 있다. 스스로 인식하고 자각할수록 무궁무진하다. 아무리 강력한 자원이 있다고 하더라도 과거의 일이기 때문에 현재에 내가 의식하지 않으면 소용이 없다. 스스로 자신의 자원을 생각하고 상상하는 연습을 게을리하지 말아야 한다.

문제에 점하나를 추가하면 문제점이 된다. 문제점을 바라보면 문제점이 문제점으로 끝나는 것이 아니라, 커져서 원이 되어 자신을 옭아매게 된다. 절대로 문제점을 포장하지도 확대해석하지도 말라. 절대로 문제점이 나의 모든 것을 지배하게 하지 말라. 문제점은 단지 문제점일 뿐이다.

크고 대범하게 당신의 강점을 생각하라. 당신의 자원을 생각하라. 문제점을 보지 말고 강점을 바라보라. 강점을 찾는 것도 연습이 필요하다. 지속적으로 스스로에게 질문을 해야 한다. 당신의 자원 속에서 강점 찾는 연습을 해야 한다.

당신에게는 무궁무진한 자원이 있고 말로 표현할 수 없는 강점이 많이 있다. 강점을 찾는 여행을 떠나자. 스스로 강점이 무엇인지 질문도 하고 주위의 지인들에게도 당신의 강점이 무엇인지 물어보라. 자신의 자원을 항상 생각하고 더 나아가 문제점이 아니라 강점을 확신하게 된다면 감사하는 마음은 절로 생길 것이다.

감사하는 마음은 당신의 탁월한 자원을 생생하게 상상하고 생각할 때 자연스럽게 나올 것이다.

감! 감사! 감사!

감! 내 책상에 감이 세 개 놓여 있다.
고객으로부터 받은 감이다.
감을 받으니 기분이 좋아지면서 감(feeling)이 좋아진다.
감을 계속 바라보고 있노라니 자신감이 생긴다.
감을 통해서 자신감을 얻었으니 감 사! 감 사! 감 사!를 외쳐볼까?
감 사를 계속 외치면 복숭아 사과 농장주들이 서운하게 생각할까?
감 사를 계속 외치니 신기하게도 감사의 마음이 생기네.
감사의 마음이 온몸에 깊숙이 느껴지니 감탄사가 절로 나오네.
그러면서 계속 감에 대한 상상 속으로 몰입을 하게 되네.
감의 반대말은 무엇일까? 옴일까?
그렇다면 자신감의 반대말은 무엇일까? 유(you)감일까? 당신감일까?
감이 한 개도 없으면 영감이고 감이 한 개 있으면 일감이네.
감이 네 개 있으면 사감이고 감이 다섯 개 있으면 오감이네.
감이 여섯 개 있으면 육감이고 학교에 감이 있으면 교감이네.
감이 둥글면 공감.
감을 주로 연구하는 대학교는 공감대!
영감의 반대말은 영(young)감
영감의 같은 말은 공감
감을 계속 보고 있노라니 성취감이 온몸에 쫙 퍼지는구나.
감과 래퍼를 형성하니 공감이 되고 공감대가 형성되니 교감이 이루어져
번뜩이는 기발한 영감이 떠올라 오감이 온몸을 휩싸고 있네.
와우! 오늘 감 속으로 상상의 나래를 펴니 예감이 좋은데.

매일
감사일기를 써라

오프라 윈프리가 바쁜 일상 속에서도 하루도 거르지 않고 실천하고 있는 것이 매일 감사일기를 쓰는 것이라고 한다. 감사일기라고 해서 거창한 것이 아니라 아주 소소하고 사소한 것 속에서 감사의 마음을 찾아내어 글로 적는다는 것이다.

오프라 윈프리가 쓰고 있는 감사일기의 내용은 이렇다.

- 오늘도 거뜬하게 잠자리에서 일어날 수 있어서 감사합니다.
- 유난히 눈부시고 파란하늘을 볼 수 있어서 감사합니다.
- 점심 때 맛있는 스파게티를 먹게 해주셔서 감사합니다.
- 얄미운 짓을 한 동료에게 화내지 않게 해준 저의 참을성에 감사합니다.

● 좋은 책을 읽었는데 그 책을 써준 작가에게 감사합니다.

오프라 윈프리가 누구인가? 세계적으로 영향력 있는 리더이자 갑부가 아닌가? 그런데 그녀가 아주 작고 소소한 일상 속에서 일어난 일들에 대해서 감사의 마음을 담아 감사일기를 쓰고 있다. 오프라 윈프리를 위대한 성취로 이끈 원동력이 감사일기가 아닐까? 오프라 윈프리로 하여금 최고가 되도록 이끈 시너지의 힘은 감사일기였던 것이다.

내 주변에 7년 동안 매일 감사일기를 쓰는 사람이 있다. 그는 하루도 거르지 않고 매일 감사일기를 쓴다. 감사일기를 쓰다 보니 감사할 일이 많이 생긴다고 한다. 거창한 것이 아니고 그냥 소소한 것에도 감사를 느끼게 된다고 한다. 감사의 마음을 갖는 것은 마음먹기에 달려 있다. 아주 작은 것을 소중하게 자각하고 인정할 수 있을 때 감사할 일은 차고 넘쳐나게 될 것이다. 7년 동안 감사일기를 쓰다 보니 일상 속에서 항시 마음이 평화롭고 매사에 긍정적이며 적극적이고 일이 술술 잘 풀린다고 한다. 감사의 마음은 긍정의 힘을 끌어당기는 효과가 있는 것 같다.

감사는 시너지의 원천이다. 감사의 마음을 갖는 것은 비전 성취의 원동력이 된다. 7년 동안 매일 감사일기를 쓰는 지인을 만나고 결심한 것이 있다. 나도 매일 감사일기를 쓰겠노라고 다짐을 해본다.

매일 소소한 일상을 고마운 마음을 담아 '감사합니다' 라고 표현하는 것 뿐인데, 감사일기가 지속적으로 쌓여 시너지를 내는 핵심으로 자리 잡고 있는 것이다.

나는 오늘부터 감사일기를 써보리라. 더도 말고 덜도 말고 매일 다섯 가지씩만 소소한 일상을 적어보리라. 오늘 하루를 생각하며 오늘 하루를 상상하며 오늘 하루를 되돌아보고 미소 지으며 고마운 마음을 가지고 '감사합니다'를 적고 외쳐 보고자 한다.

시루떡은 어머니의 손길이자 어머니의 마음이다. 시루떡은 한마디로 감사의 표현이다. 시루떡의 묘미는 하나가 되는 것이다. 봄, 여름, 가을에 정성을 들여서 수확한 쌀의 결과물인 것이다. 시루떡의 묘미는 쌀 한 톨 한 톨의 응집된 결정체이다. 한 톨 한 톨이 완전히 체화되어 시루떡으로 탄생한 것이다.

시루떡은 노력의 결정체다. 노력한 대가에 대한 감사의 마음이다. 감사는 우리를 춤추게 한다. 감사의 마음을 가지는 것은 평범함과 비범함을 가르는 중요한 단초가 된다. 감사의 마음을 가지게 되면 풍요로움이 깃든다. 마음이 넓어지고 생각이 넓어지고 여유의 공간이 넓어지는 효과가 생긴다. 감사의 마음이 몸에 베이면 일도 잘된다. 인간관계도 잘되고 자신감도 올라간다. 항상 풍요로움으로 가득찬 넓은 마음을 가지고 있는 사람을 누가 싫다고 하겠는가? 매일의 일상이 행복감으로 충만할 수 있을 것이다. 그러니 당연히 하고 있는 분야에서 성과도 배가 될 것이다.

시너지를 내고 싶은가? 항상 어머니의 정성이 깃든 시루떡을 생각하며 감사의 마음을 생각하라. 감사의 마음을 온몸에 넘치게 하라. 감사의 마음이 저절로 차고 넘쳐서 말이나 표정이나 행동에 묻어나오게 하라. 그러면 지금 하고 있는 모든 일에서 최고의 성과를 거둘 수 있을 것이다.

시너지를 **완성**하는 힘
시너지형 인간이 되라

시너지라는 단어를 처음 접한 것은 대학교에서 경영학을 공부할 때이다. 처음에는 시너지라는 단어가 너무 생소했다. 그러나 단어를 접하면 접할수록 마음에 와 닿았다.

왜냐하면 시너지는 기존에 새로운 가치를 추가하여 생각했던 것보다 더 놀라운 성과가 나타나 사람들로 하여금 미소를 짓게 하기 때문이다.

시너지라는 단어가 마음속에 자리매김하고 기분이 좋아지자 나는 시너지를 내는 사람이 되고 싶었다. 아니 사람들이 나를 만나면 시너지를 내도록 도움을 주고 싶었다.

대학교를 졸업한지 벌써 23년이 되었다. 그동안의 나를 돌아보았다. 내가 과연 무엇을 말할 자격이 있는지와 가장 잘할 수 있고 좋아하는 일이 무엇인지를 곰곰이 생각해본 것이다. 그러면서 찾아낸 문구가 있다.

이 세상에서 어느 누구보다 가장 잘할 수 있는 일이 있음을 발견하고 짜릿하고 흥분이 되었다. 그것이 바로 '시너지를 내는 일'이다. 누군가가 나에게 와서 도움을 요청할 때 그 사람이 시너지를 내도록 도움을 주는 일은 잘할 수 있을 것이라는 확신이 들었다. 나는 23년 동안 다양한 사람들을 만났다. 그러면서 그분들 한 분 한 분이 변화하고 성장하는데 도움을 주기 위해 노력했다. 특히 리더스클럽을 기반으로 많은 CEO들에게 강의를 통해서 시너지를 내도록 도움을 주었다.

그 성공 사례들을 살펴보자.

**대한민국 최고의 동기부여가이자 기획전문가
조석중 배움 아카데미 대표처럼 시너지를 내라**

조석중 대표와의 인연은 깊다. 13년 동안 대한민국 최고의 독서토론 모임인 '리더스클럽'을 함께 해오기 때문이다. 조석중 대표는 처음에는 평범한 직장인이었다. 너무 좋으신 분이기에 삼고초려했던 기억이 난다. 조석중 대표는 리더스클럽을 함께 하면서 책을 엄청 읽기 시작했다. 일주일이면 5권도 읽고 10권도 읽으면서 정리를 하기 시작했다. 그리고 명확한 비전을 설정했다.

13년이 지난 지금 그는 대한민국을 대표하는 최고의 강사가 되었다. 선거관리위원 전문교수로 전국을 무대로 강의를 하고 있다. 또한 기업체 및 관공서, 그리고 도서관 등에서 강의 요청이 쇄도하고 있다. 청소년들의 비전을 설정해주고 진로를 안내해주는 비전 캠프를 운영하기도 하고 카네기 강의를 하기도 한다.

그는 기획분야의 달인이다. 관공서 등에서 새로운 프로젝트를 고민할 때 처음부터 기획에 관여하여 프로그램을 진행하기도 한다. 최근에는 '내 인생의 첫 강의'를 여러 번 진행한 적이 있다. 페이스북이나 온라인에 강의 안내를 하면 순식간에 강의 참가 예약이 종료되는 기염을 토하기도 한다. 강의 반응이 폭발적이어서 출판사에서 출판 계약 요청이 있어 강의관련 책을 집필 중이기도 하다. 조석중 대표는 책이 나오게 되면 더욱 바빠질 것이다.

조석중 대표의 오늘이 있게 한 힘이 바로 책이자 리더스클럽이라고 생각한다. 그는 책을 통해서 리더스클럽을 통해서, 거기서 만나는 사람들을 통해서 변화하고 성장한 것이다. 앞으로 얼마나 더 변신을 시도할지 기대가 된다.

시루떡 시너지 · 감사

대한민국 최고의 경영혁신 전문가
아이에이엠 파트너즈 김현민 대표처럼 시너지를 내라

김현민 대표는 소규모의 IT 회사를 운영했다. 오랫동안 회사를 운영하면서 항상 무언가 부족한 듯했고 새로운 돌파구가 필요했다. 간절함을 가지고 새로운 호기심을 가지고 주위를 둘러보니 책이 눈에 들어왔다. 거래처 사장님이 선물하고 주위의 지인들이 선물하면서 책을 접하게 되었다. 그리고 본격적으로 책을 읽기 시작한 것은 리더스클럽에 나오면서부터였다.

리더스클럽에 운영진으로 합류하면서 경영서적에 몰입을 하기 시작했다. 한두 권씩 경영서적을 정독하고 독서토론 진행을 하다 보니 지금까지 회사를 운영하면서 놓쳤던 부분을 발견하기도 하고 새로운 통찰력이 생기기도 하였다. 이것이다 싶어 그때부터는 미친 듯이 경영 및 심리, 그리고 마케팅 책을 섭렵하기 시작했다. 책을 읽다보니 향후 무엇을 해야 할 것인지도 보이기 시작했다. 그래서 새롭게 변신을 시도한 것이 경영컨설팅을 전반적으로 다루는 경영컨설턴트라는 직업이었다.

책과 씨름하며 지식을 섭취하고 서울에 워크숍 등을 참석하면서 새로운 기법을 하나씩 내 것으로 체화하기도 하였다. 그러면서 전북에 있는 기업체, 병원, 여행사, 음식점 등을 상대로 컨설팅을 하기 시작했다.

지금은 눈코 뜰 새 없이 바쁘다. 서울에 굴지의 대기업을 비롯하여 병원, 학원, 중소업체 등을 상대로 컨설팅을 하고 전북에 있는 기업들도 꾸준히 대상이 늘어나고 있기 때문이다. 자그마한 소형 IT 회사를 운영하고 있던 김현민 대표를 전국의 내노라하는 회사의 컨설팅을 하도록 시너지를 나게 한 힘은 무엇이라고 생각하는가? 옆에 사람이 있었기 때문이다. 책을 읽도록 새로운 눈을 뜨도록 옆에 사람이 있었다는 것이다. 내가 먼저 책을 읽고 리더스클럽이라는 독서토론 모임을 만들었다. 그 뒤로 지속적으로 책을 선물하기도 하고 리더스클럽에 오도록 권유하기도 했다. 리더스클럽을 만난 것이 책을 한 권씩 한 권씩 정독하여 그것이 체화된 것이 오늘의 김현민 대표를 만든 것이다.

나는 확신한다. 앞으로 김현민 대표는 컨설팅업계의 새로운 이정표를 세울 것이다. 왜냐하면 멈추지 않고 계속 책을 읽고 있기 때문이다. 옆에 책이 있고 옆에 좋은 사람들이 있기에 김현민 대표는 대한민국 최고의 경영혁신 분야의 컨설턴트가 될 것이다.

대한민국 최고의 임플란트 전문가
명인치과 이명호 원장처럼 시너지를 내라

이명호 원장은 임플란트 전문가로 대한민국 최고임을 입증한다. 왜냐하면 전북에 사업장이 있지만 다른 지역에서 많은 사람들이 명인치과를 찾기 때문이다. 또한 미국에 있는 대학교 총장님께서도 3년 정도 치료를 받은 적도 있다. 그 총장님은 까다로운 치아로 인해 몇 년 동안 마음고생을 하였다고 한다. 그러다 명인치과 이명호 원장을 만나면서 깔끔하게 치료를 하였다. 그래서 한국을 올 때마다 명인치과를 찾곤 한다. 그 총장님은 너무 고마운 나머지 그를 미국에 있는 상담심리 박사과정에 장학생으로 선발하기도 했다.

2013년에 이명호 원장은 세 마리 토끼를 잡기 위해 고군분투하였다. 미국에 있는 상담심리 대학원 박사를 받고 있어 그 논문을 쓰는 것과 최근 전주대 경영학과에 박사과정을 이수하여 박사논문을 쓰기 위해 두문불출하고 있다. 더불어 원장으로 있는 명인치과에 새로운 전환점을 마련하기 위해 새 프로젝트를 구상 중에 있다. 또 프로젝트를 뒷받침하기 위해 대한민국 치과 원장님들에게 임플란트 등의 고급 기술을 전수하기 위한 정기적인 강의를 계획 중이며 해외저널에 글을 기고하고 있기도 하다.

더불어 6년 정도 성악을 공부하고 있다. 계기는 리더스클럽에서 시작되었다. 바쁜 와중에도 책을 읽고 토론하는 모임인 리더스클럽에 합류하면서부터 성악을 공부하기 시작했다. 나는 이명호 원장을 처음 만났을 때 목소리에 관심을 가졌다. 저음부터 고음까지 넘나들 수 있는 풍부한 성량을 가지고 있었고 음색이 너무 좋았기 때문이다. 처음에는 노래를 시키면 '젊은 미소'라는 노래만 불렀다. 시간이 지나면서 나는 그에게 성악을 권유하기 시작했다. 그런데 중요한 것은 그가 성악을 배우기 시작했다는 것이다. 그것도 개인 성악 교습소에 등록을 하고 5년 이상 계속 성악을 배우고 있는 것이다. 그동안 소리문화의 전당에서 몇 번의 음악회를 가질 정도로 이명호 원장에게 성악은 삶을 살아가는 하나의 비타민이자 자양분이 되었다.

이명호 원장의 임플란트와 관련된 전문적인 기술은 탁월하다. 그는 진정한 프로이다. 프로페셔널한 전문가에게 성악은 어떤 의미가 있을까? 그에게 새로운 열정과 에너지와 더불어 자신감을 불어넣어 준 원동력이 되었을 것이다. 명인치과 이명호 원장에게 있어서 진정 시너지를 내게 한 힘은 성악이었을 것이라 확신한다.

대한민국 최고의 후불제 여행사
(유)투어컴 박배균 대표처럼 시너지를 내라

박배균 대표는 전문 시낭송가이다. 아마추어가 아니라 프로이다. 재능시낭송협회에서 주최하는 대회에서 당당히 전북에서 대상을 수상한 뒤 서울 예술의 전당에서 진행된 전국 대회에 출전하여 기라성 같은 전문가들과 겨루어 2등을 하기도 했다.

그것뿐만이 아니다. 전주를 시작으로 익산, 군산, 남원, 정읍, 제주도 등을 돌며 시낭송 콘서트를 개최하기도 했다. 2010년도에는 전주에 있는 삼성문화회관을 빌려 콘서트를 개최하였는데 몇천 명이 참석하는 기염을 토하기도 했다. 2012년도에는 야심차게 소리문화의 전당 모악홀을 빌려 새로운 도전을 시도하기도 했다. 임동창 피아니스트와 하모니를 이루었고 전주 시립국악원과 함께 협연을 한 것이다.

이제 그에게 있어서 시낭송은 동반자이자 에너지원이 되었다. 그와 시낭송을 떼어놓고 이야기를 하기에는 부적절할 정도이다. 이제는 시낭송이 박배균 대표의 대표 브랜드가 된 것이다.

박배균 대표는 8년 전에 리더스클럽의 문을 두드렸다. 그때 그가 즐겨 하던 시는 딱 하나였다. 그런데 나는 그에게 시낭송의 소질이 있음을 발견하고 독서토론에 나올 때마다 시낭송을 시켰다. 처음에는 계속 한 가지 시만을 낭송하더니 회원들에게 미안했던지 다른 시를 낭송하기 시작했다. 그게 단초가 되었다. 그것이 마중물이 되었다. 그때부터 그는 미친듯이 시를 외우기 시작했다. 장거리 출장을 갈 때 항상 그의 가슴속에 간직하고 있었던 것은 시가 적힌 종이였다. 그는 그렇게 8년 동안을 몰입했다. 이제 그는 정식 시낭송 전문가가 되었다. 시는 그에게 새로운 변신의 씨앗이 되었고 시너지를 내게 한 원동력이 되었다.

그는 리더스클럽의 회원들이 주가 되어 공부를 하는 모임에서 새로운 전환점을 마련하기도 하였다. 그 모임 멤버 중에서 기업을 운영하시는 장선웅 대표가 그에게 제안을 하였다. 여행 시스템이 모두 선불제로 되어 있는데 여행 콘셉트를 후불제로 가져가면 어떻겠느냐고 말이다. 그때 박배균 대표는 장선웅 대표의 그 말을 흘려 듣지 않왔다. 그 이야기를 곱씹으며 후불제 여행사를 본격적으로 시작하는 계기로 만들었다. 그렇게 해서 후불제 여행사 (유)투어컴이 탄생한 것이다. (유)투어컴은 전국에 지사를 두고 있으며 매출이 급증하는 등 성장가도를 달리고 있다. 물론 시낭송 전문가라는 브랜드가 박배균 대표의 여행업을 하는데 시너지를 내게 하는 것은 당연지사이다.

시너지는 이런 것이다. 한 사람이 시를 만나서 시너지를 낼 수도 있다. 한 사람이 한 사람을 만나서 새로운 아이디어를 받아들여 사업으로 연결시키면서 시너지를 낼 수도 있다. 시너지는 마음가짐이 중요하다. 현재 당신이 있는 그곳에 항상 시너지를 내게 할 수 있는 사물이나 생각이나 사람이 존재한다는 의미이다.

당신 주위를 조금 더 세밀하게 둘러보라. 당신 주위에 있는 사람들의 이야기에 조금 더 공감적으로 경청을 해보라. 지금 당신이 하고 있는 일에 날개를 달아줄 새로운 멋진 시너지 대상이 기다리고 있을지도 모른다.

대한민국 최고로 영어 잘하는 사람
무지개 박사 이삼구 교수처럼 시너지를 내라

이삼구 교수는 필자의 후배이다. 전북대학교 재학시절에 영어 동아리 타임반에서 만났다. 그때 이후로 지금까지 만나고 있으니 26년 동안 만나고 있는 셈이다. 이삼구 교수는 내가 알고 있는 사람 중에서 영어를 제일 잘하는 사람이다. 그는 영어를 정말로 잘한다. 타임 반에서 같이 활동할 때 AFKN 채널을 고정시켜 1년 6개월 동안 두문불출하고 미국 방송만 들었다. 밥을 먹고 잠을 자는 시간 외에는 오롯이 영어 듣기에 몰입을 하였다. 그러다 보니 학교 학점은 최악의 상황을 맞기도 했다.

그는 그렇게 몰입을 해서 영어에 탄력을 받기 시작하자 TIME 잡지를 한두 번만 읽으면 본문 전체를 통째로 외워버릴 정도로 영어감각이 발달했다. 영어에 정통한 그는 석사·박사논문을 모두 영어로 썼다. 그리고 미국, 중국, 일본, 독일 등 해외에서 계속 논문 발표를 하기도 했다. 지금 그는 대한민국을 대표하여 ISO 전문가로 활동하고 있다. 미국뿐만 아니라 남미, 그리고 유럽 등에서 국위선양을 위해 힘쓰고 있는 것이다.

지금 글을 쓰고 있는 이 시간에도 이삼구 교수는 프랑스에서 대한민국의 국익보호를 위해 적극적으로 힘쓰고 있다. 그는 최근에 '인공무지개'를 발명하여 특허도 출원 중이다. 인공무지개가 관공서나 휴양지 등에서 제대로 빛을 발하기 시작하면 그는 날개를 달 것이다. 무언가 새로운 변신을 시도하는 지자체나 기업 등에서 만일 인공무지개의 가치를 인정하고 협업을 하기 시작한다면 시너지 극대화의 효과가 발생할 것이다. 국내에서 이슈가 되면 해외에서도 분명 이슈가 될 것이다.

이삼구 교수를 만날 때마다 내가 잘한 것이 있다면 그의 이야기를 들어주었다는 것이다.

사람이 사람을 만들기도 한다. 사람이 사람을 만나 긍정적인 선순환 구조가 이루어질 수 있다. 사람이 사람을 만나 서로 말하지 않고 호흡만 맞추어도 최고의 성과가 날 수도 있다는 것이다. 사람이 사람을 만난다는 것은 상대방을 인정하고 지지해준다는 것이다. 만남의 횟수가 많아질수록 신뢰감이 형성되고 공감대가 형성되어 자연스럽게 아름다운 하모니가 연출되는 것이다. 이것이 바로 시너지의 힘이다. 시너지는 만남을 통해서 이루어지는 것이다. 만나지 않으면 시너지가 날 수 없다. 만나서 상대방의 눈빛을 바라보아야 상대방과 소통을 해야 상대방과 공감대를 형성해야 시너지를 낼 수 있는 것이다.

매일 모악산을 오르는 모악산 지킴이
목원약품 소병오 부사장처럼 시너지를 내라

소병오 부사장은 한마디로 성실맨이다. 그는 매일 모악산을 오른다. 7년이 넘게 매일 새벽 모악산을 오르고 있다. 서울에 출장을 갈 일이 있으면 새벽 3시경에 일어나 모악산을 갔다 와서 출장길에 오를 정도이다.

처음 리더스클럽에 왔을 때가 생생하게 기억난다. 리더스클럽에서 독서토론이 있는 토요일 새벽에는 더 빨리 일어나서 모악산을 갔다 온 후 독서토론에 참여했던 기억이 생생하다.

소병오 부사장은 리더스클럽에 와서 시너지를 내기 시작했다. 무언가 새로운 돌파구를 찾다가 리더스클럽에서 실시하는 오카리나 아카데미에 참여하게 되었다. 그는 한번도 빠지지 않고 성실하게 참여하고 연습을 했다. 그리고 모악산 중턱에 야외 오카리나 공연장을 만들어놓고 매일 한 시간 정도를 연습하기 시작했다. 처음 리더스클럽에서 오카리나 연주를 할 때는 엄청 떨기도 했다. 그러나 이제는 오카리나 전문가가 되고 있다. 단독 공연을 개최하기도 하고 리더스클럽의 리더스문화예술단에서 하는 두 번의 정기공연에서도 아주 멋지게 오카리나 연주를 하기도 했다. 그리고 종종 주위의 모임이나 행사에서도 오카리나 연주 섭외가 들어올 정도가 되었다.

소병오 부사장은 멋진 사람이다. 그는 무에서 유를 창조하는 사람이다. 그는 한 번 시작하면 포기할 줄 모르는 리더이다. 소병오 부사장은 오카리나와 더불어 시낭송을 하기 시작했다. 모악산을 매일 오르고 내리면서 시낭송을 하기 시작한 것이다. 오르내리면서는 시를 낭송하고 모악산 중턱 야외 공연장에서는 일정시간을 할애해서 오카리나 연습을 지속한 것이다.

평범함을 비범함으로 바꾸는 비결이 연습이라고 하지 않았던가? 소병오 부사장이 그 산중인이다. 그는 대단한 사람이다. 매일 연습하는데 최고가 되지 않고 무엇이 될 수 있겠는가? 그는 매일 시낭송을 연습한 결과 전북에서 시낭송 대회에서 대상을 받고 바로 서울 본선에 나가 입선을 함으로써 시낭송가 타이틀까지 거머쥐었다.

내가 소병오 부사장에게 도움을 준 것은 별로 없다. 단지 리더스클럽에서 진행하는 독서토론에서 오카리나 연주를 계속하도록 하였고 매주 일요일 리더스 문화예술단에서 실시하는 도립미술관 야외공연장에서 함께 한 것이 전부이다.

그는 매일 하루도 거르지 않고 7년 이상 산을 오르고 산속에서 오카리나를 연습했으며 산을 오르고 내리며 시낭송을 하기도 하였다. 처음엔 산을 통해서 시너지를 창출하였고 오카리나와 시낭송을 통해서 소통과 하모니를 연출하며 더 큰 시너지를 내고 있는 것이다. 소병오 부사장은 우리에게 지금 하고 있는 일외에 무엇인가 새로운 것을 선택하여 우직하게 끊임없이 연습을 하게 되면 시너지를 낼 수 있다는 교훈을 주고 있다.

시루떡 시너지 · 감사

시너지를 실천한 사람들

대표적인 시너지형 인간

시너지하면 국내에서는 세종대왕이 떠오르고 국외에서는 피터 드러커가 떠오른다.

이 두 명이 시너지의 대표주자로 가장 먼저 떠오르는 이유는 무엇일까?

세종대왕의 가장 큰 업적은 훈민정음 창제이다. 앞에서도 언급했듯이 훈민정음은 자음과 모음의 기막힌 융합의 산물이다. 세종대왕은 재임기간 동안 신하들과 소통하기 위해서 집현전을 설치하고 끊임없이 만남의 장을 마련하였다. 본인도 물론 끊임없이 방대한 책을 섭렵했다. 그리고 더 나아가 백성들의 고충을 알려고 노력했고 백성들의 유익을 위해 항상 고군분투했으며 백성들의 입장에서 정책을 펼쳐 나갔다. 다양한 책들에서 얻은 통찰력을 바탕으로 책을 단지 지식이나 정보수준에서 멈추지 않고 백성들의 편익을 위해 과학, 악기, 농업, 문자 등의 방대한 업적을 남긴 것이다.

세종대왕은 왕이 되기 전에 독서광으로 정평이 나 있었다. 세종대왕을 왕으로 만든 핵심은 독서에서 얻은 통찰의 힘이라고 생각된다. 방대한 독서가 세종대왕을 최고의 존경받는 왕으로, 엄청난 치적을 올릴 수 있는 기반을 만들어 준 것이다.

세종대왕은 항상 시너지를 생각하였을 것이다. 어떻게 하면 신하들이 시너지를 내게 하고 어떻게 하면 백성들이 시너지를 낼 수 있도록 도움을 줄 수 있을까를 고민하였을 것이다. 방대한 독서를 바탕으로 백성을 진심으로 사랑하는 마음이 어우러져 최고의 시너지를 낸 것이다.

피터 드러커는 누구인가?

피터 드러커는 은행원이었다. 피터 드러커는 평범한 삶을 거부하고 가치있는 삶을 원했다. 은행에서 얼마든지 잘 나갈 수 있는 환경이었다. 그러나 과감하게 사표를 내고 새로운 선택을 하였다.

피터 드러커는 책을 집중적으로 읽기 시작했다. 관심있는 주제를 선정하고 3~4년 주기로 목적있는 책읽기를 실천했다. 그래서 책을 읽고 정리한 것을 토대로 얻은 통찰력과 영감을 가미하여 책을 출간하였다. 그의 책은 세계적으로 많은 CEO들의 사랑을 받았다.

피터 드러커는 96세까지 저술 및 강연, 그리고 컨설팅을 통해서 사람들과 소통하였다. 그리고 항상 감사하는 마음을 실천했으며 공헌이라는 단어를 최고의 화두로 삼았다. 지금도 많은 CEO들이 그의 책을 애독하고 있다. 그의 책을 통해서 얻은 지식을 경영에 접목하고 삶 속에서 실천하여 변화와 성장의 씨앗으로 삼은 것이다.

피터 드러커는 나의 마음속에 자리매김하였다. 나는 한국의 피터 드러커가 되고 싶었다. 너무 거창한 것 같지만 나는 그의 인간적인 매력에 푹 빠졌다. 그의 화두는 인간중심의 경영 철학이었기 때문이다. 나는 그를 통해서 시너지 경영의 대가가 되고 싶다는 신념을 가질 수 있었다. 아직 시작은 미약하지만 2008년부터 시너지라는 단어가 나의 머릿속에 꽉 자리잡고 있다.

시너지란 무엇인가? 시너지를 내려면 무엇을 해야 하나? 시너지를 내려면 어떻게 해야 하나? 시너지를 내려면 무엇을 융합해야 하고 어떻게 소통해야 하고 어떻게 하모니를 이루어야 하는지를 고민하기 시작했다. 그러면서 시너지의 대가가 누가 있을지 분석하기 시작했다. 그러면서 나는 과연 시너지를 내는 사람인가 스스로 자문자답을 하기도 했다. 강한 확신을 하게 되면서 나는 시너지를 내는 사람이라는 결론에 도달했다. 대학교를 졸

엽하고 직장에 들어가서 줄기차게 계속 몰입한 것은 사람들에게 시너지를 낼 수 있도록 도움을 준 것이다.

융합을 통해서 시너지를 낸 사람

무엇을 만들어야 하는지 정확하게 알고 있다면 왜 그것을 해야 한다는 말인가. 이미 알고 있는 것은 전혀 흥미롭지 않다. 그럴 바엔 다른 것을 하는 것이 훨씬 낫다.

≪그림읽는 CEO≫ - 파블로 피카소 -

융합하면 떠오르는 사람이 파블로 피카소다.

피카소의 그림을 보라. 이리 보아도 저리 보아도 도저히 평범한 우리로서는 이해할 수 없는 투성이다. 그런데도 왜 피카소의 그림은 최고의 호가를 자랑하는가? 피카소가 다른 화가들과 달리 차별화를 한 것은 무엇인가? 다른 화가들이 그리지 못하고 그릴려고 생각하지 않았던 새로운 영역을 개척했기 때문이 아닐까?

실제로 피카소는 한 방향만을 보지 않고 옆방향, 뒷방향, 윗방향 등을 동시에 한 인물과 사물에 묘사를 한 것으로 유명하다. 오래전에 그렇게 비틀고 뒤틀어서 한 화폭에 담아내었다는 것 자체가 피카소를 높게 평가하는 가장 큰 이유가 될 것이다.

융합을 통해서 시너지를 낼 수 있다. 끊임없이 새로운 것과의 결합을 시도해야만 현재의 정체되어 있는 상황을 개선할 수가 있다.

김연아는 어떠한가? 김연아는 무엇을 통하여 시너지를 내었는가? 피겨스케이팅 경기의 필수 기술은 점프, 스핀, 스텝이라고 한다. 그런데 세 가지의 필수 기술만 익히면 최고가 될 수 있을까? 절대 세 가지만 해서는 최고가 될 수 없다. 고득점을 위해서는 점프, 스핀의 회전수를 늘려야 되고 다른 기술과 결합을 시도해야 한다. 또 어려운 점프, 스핀, 스텝으로 업그레이드를 해야 되고 정확하고 아름답게 표현하기 해서 끊임없이 노력을 해야 한다.

에디슨은 어떠했는가? 에디슨은 발명왕의 타이틀을 가지고 있다. 에디슨은 계속 생각했을 것이다. 새로운 발명을 하기 위해서 융합을 시도했을 것이다.

스티브 잡스는 어떠했는가? 융합을 통해서 시너지를 내기 위해 끊임없이 노력하지 않았던가? 시너지는 새로운 것과의 융합을 시도해야 효과를 낼 수가 있다.

소통을 통해서 시너지를 낸 사람

'나는 내가 보고 느낀 것, 꽃이 내게 의미하는 것을 그리겠다고 다짐했다. 단, 그것을 크게 그릴 것이다. 그러면 사람들은 깜짝 놀라서 꽃을 보기 위해 귀한 시간을 할애할 것이다. 제아무리 바쁜 뉴요커일지라도 내가 그린 꽃을 보기 위해 시간을 낼 것이다.'

미국인들이 가장 사랑하는 화가인 조지아 오키프가 한 말이다.

조지아 오키프가 시도한 것은 특별한 방법이 아니다. 단지 크게 그린 것이다. 다른 사람들이 전혀 시도하지 않았던 블루오션을 창출한 것이다. 단지 그림을 그리는 것만 생각하지 않고 사람들이 그림과 소통하길 원한 것이다. 그런 사람을 향한 마음이 있었기에 크게 그리고 싶은 영감을 얻은 것이다. 그냥 그리는데서 그치지 않고 그가 그린 그림이 사람들 곁에 머물면서 소통을 하길 진심으로 원한 것이다. 그 생각이 하나의 멋진 아이디어를 구현시켜 그녀를 최고로 만든 것이다.

이것이 바로 시너지다. 단지 대상을 다른 사람과 달리 크게 그것도 아주 크게 그린 것만으로도 시너지를 창출할 수 있었던 것이다.

축구선수 박지성은 어떠했는가? 일본에서 활약할 때 박지성 선수는 일본 선수들과 소통하기 위해 일본어 배우는 것을 게을리하지 않았다. 네덜란드와 영국에서 활동할 때는 쉬지 않고 영어를 완벽하게 구사하기 위해 노력하였다. 박지성 선수가 최고로 거듭날 수 있었던 비결은 소통하기 위한 그의 노력 덕분이었다.

링컨은 어떠했는가? 그는 항상 반대편에 있는 사람들을 설득하기 위해 노력했다. 워런 버핏은 편지로 소통을 시도했다. 소통을 위한 노력이 시너지의 핵심이다. 시너지를 내려면 소통하지 않고서는 이루어질 수가 없다.

하모니를 통해서 시너지를 낸 사람

나폴레온 힐은 평생동안 마스터마인드라는 한 단어를 연구했다. 마스터마인드는 둘 또는 셋 이상의 아름다운 하모니를 뜻한다. 나폴레온 힐은 마스터마인드를 연구하면서 세계적인 거장들을 인터뷰하고 성공의 법칙을 정리하면서 세계적으로 유명한 동기부여가이자 베스트셀러 작가가 되었다. 그는 성공한 사람들 557명을 통해서 마스터마인드 즉 하모니가 성공의 핵심인자라는 결론에 도달한 것이다. 시너지를 내려면 하모니를 생각해야 한다. 하모니는 사람과의 관계에서 가장 중요한 것이다. 하모니를 생각하지 않고 성과를 낼 수가 없다. 하모니는 시너지의 핵심 요인이다.

레오나르도는 가장 모범적인 르네상스 맨이었다. 왜냐하면 그는 화가, 수학자, 해부학자, 식물학자, 지리학자, 천문학자, 건축가, 기술공학자, 발명가, 요리사였으니까. 그가 만능인이 될 수 있었던 것은 호기심과 열정, 관찰력과 탐구심, 실험정신을 지녔기 때문이다.

이명옥이 지은 ≪그림읽는 CEO≫에 나와 있는 내용이다. 레오나르도 다빈치는 평생 그림을 통해서 아름다움을 전달하기 위해서 좌우대칭을 연구했다. 더불어 자연에 일어나는 모든 현상에 대해서 끊임없이 의문을 품고 해답을 찾기 위해 노력했다. 레오나르도는 평생 하모니를 생각했다. 그림 속에서 아름다움을 표현하기 위해 항상 하모니를 연구한 것이다. 레오나르도 다빈치는 하모니를 내기 위해서 끊임없이 새로운 공부를 시도했다. 완벽한 대칭과 하모니를 그림 속에 구현할 수 있었던 비결은 배움에 있다고 결론을 내린 것이다.

감사를 통해서 시너지를 낸 사람

마사 스튜어트는 감사의 마음을 실천한 CEO이다. 오프라 윈프리는 매일 감사일기를 쓰며 감사를 실천했다. 감사의 마음은 사람을 행복하게 한다. 감사의 마음을 가지고 감사의 마음을 실천하면 풍요로워진다. 감사의 마음을 갖는다는 것은 나를 행복하게 하는 비결이 되기도 한다. 감사의 마음을 갖는다는 것은 여유로움의 표시이다. 감사의 마음은 인간관계의 열쇠이다. 감사의 마음을 가지면 저절로 시너지를 낼 수가 있다.

우리 모두 감사의 마음을 갖도록 하자. 매일 감사의 일기를 쓰는 것도 좋고 감사의 마음을 건네는 것도 좋다. 감사하는 마음을 갖는 것이 시너지를 이룰 수 있는 열쇠임을 명심하자.

음식을 들여다보면
시너지가 보인다

대한민국 사람들이 가장 좋아하고 즐겨먹는 김치가 어떻게 만들어지는가?

김치를 보면 시너지가 떠오른다. 김치를 보면 융합의 진정한 효과를 찾아낼 수 있다. 김치는 그냥 김치가 되지 않는다. 배추라는 하나의 단일 품목에서 새로운 변신을 시도해야 한다. 배추가 김치가 될 때 무엇이 섞여지는지 한번 알아보자.

일단 처음에 소금과 융합을 시도한다. 고춧가루와 만나기도 하고 젓갈과 만나기도 한다. 새로운 것과 시도하는 것이 처음에는 어색하였을지 몰라도 이제는 자연스러운 현상이다. 김치를 만들기 위해서는 소금이나 고춧가루, 젓갈 등은 거쳐야 되는 필수 아이템이 되었다. 김치를 보면서 시너지를 생각해야 한다. 김치를 보면서 융합을 시도해야 한다.

지금 자신에게 무엇을 결합시킬 것인가를 고민해야 한다. 지금 자신이 가지고 있는 핵심 제품에 무엇을 섞을 것인지를 연구해야 한다. 시너지는 융합의 산물이다. 시너지는 기존에 있던 것을 그냥 머물게 놔두지 않는다. 시너지는 새로운 가치를 선사한다. 사람들로 하여금 혹하게 만드는 그런

제품을 만들기 위해서는 시너지를 생각해야 한다. 시너지의 출발점이 섞는 것이다. 지금 하고 있는 일과 무엇을 섞을 것인지 무엇을 버무릴 것인지 무엇을 추가할 것인지 생각해야 한다. 김치를 보면서 항상 시너지를 생각해야 한다.

우리는 매일 아침, 점심, 저녁 세 끼를 먹는다. 음식의 종류는 숫자로 셀 수 없을 정도로 다양하다. 탕의 종류만을 생각해보라. 면의 종류만을 생각해보라. 밥의 종류만을 생각해보라. 봄, 여름, 가을, 겨울 사계절마다 달라지는 음식의 종류만을 생각해보라. 대한민국의 모든 지역에서 만들어지는 음식의 종류만을 생각해보라. 배를 타고 비행기를 타고 외국에 갔다고 생각해보라. 세계의 모든 나라들에서 만들어지는 음식을 생각해보라. 음식을 보면서 어떤 생각이 드는가?

우리나라 뿐만 아니라 세계의 모든 곳에서 만들어지는 음식은 시너지의 작품이다. 시너지의 산물이다. 음식이 음식답게 제대로 된 맛을 내기 위해서 융합을 시도하지 않은 음식이 있는지 생각해보자. 아마도 한 가지도 찾을 수 없을 것이다. 모든 음식은 융합의 결과이다. 섞지 않고 버무리지 않고 결합하지 않고 만들어진 음식은 단 한 가지도 없을 것이다. 음식을 통해서 시너지를 생각해보자. 음식을 통해서 융합의 힘을 느껴보자. 음식을 통해서 창조의 힘을 느껴보자. 음식을 통해서 가치가 두 배 세 배 아니 백 배 천 배 이상 변화할 수 있다는 생각을 해보자. 시너지의 힘은 음식과 같은 것이다. 지금 현재의 상황을 새롭게 변화하고 성장할 수 있는 전환점을 마련할 수 있는 것이다. 지금 주위를 한번 둘러보자. 어떻게 하면 시너지를 낼 수 있을까를. 가정에서 직장에서 또한 개인적으로.

진정 시너지를 내게 하는 힘은 무엇인가? 융합, 소통, 하모니, 감사의 마음을 곰곰이 생각해보자. 더불어 우리가 아침, 점심, 저녁으로 먹는 음식을 들여다보자. 음식을 다른 눈으로 바라보자. 음식을 새로운 시각으로 들여다보자. 어떻게 음식이 만들어지는지 어떻게 음식이 맛을 내는지 어떻게 음식이 새로움을 창조하는지를 묵상해보자. 밥을 먹을 때마다 새로운 음식을 대할 때마다 음식을 세밀하게 들여다보자. 음식 속의 비밀을 파헤쳐보자. 사랑받는 음식, 사람들이 줄서는 음식들은 어떤 비밀이 있으며 우리에게 어떤 영감을 주는지 보고 또 보고 생각해보자. 시너지 열쇠는 음식 속에 답이 있을지도 모른다.

유길문 시너지 코치 프로그램

●특강

시너지로 승부하라

- 돌파구를 마련하고 싶은 기업체 및 관공서

●컨설팅 과정

기업체 파트너 시너지 경영 성공 전략 컨설팅 프로그램

- 시너지를 내고 싶은 CEO

책향기 사람향기 시너지 독서경영 대학 프로그램

- 시너지를 내는 독서경영을 도입하고 싶은 CEO

- 시너지를 내는 독서전문가가 되고 싶은 분

●책쓰기 과정

시너지를 내는 책쓰기 아카데미

- 브랜드 유를 원하시는 분

시너지 책쓰기 실천회

- 내 생에 최고의 선물 '내 이름으로 된 책 한 권'을 펴내고 싶은 분

●아카데미 과정

협상 · 소통 전문가 기본 과정

- 인간관계 및 커뮤니케이션을 한 단계 업그레이드하고 싶은 분

협상 · 소통 전문가 프로 과정

- 탁월한 성과를 내고 싶은 분

시너지 스피치 Excellent 과정

- Communication Threapy Training만을 원하시는 분

- 무대공포증을 해소하고 싶은 분

●강연문의

이메일 : ohanythingok@hanmail.net

분노를 부르는 말 & 호감을 부르는 말

민영욱 · 남정숙 · 최용희 지음 / 신국판 / 216쪽 / 13,000원

언어는 세상을 비추는 거울이며 말하는 사람의 사상의 옷이라고 할 수 있다. 오늘날 우리는 진정으로 나를 아끼고 위로해주는 격려의 말과 사랑의 말이 부족하기 때문에 항상 마음의 허기짐을 느끼며 살아가고 있다. 이 책을 통해 말이 넘쳐나는 사회에서 조용하되 힘이 있고 열정적이되 시끄럽지 않고 논리적이되 딱딱하지 않으며, 유쾌하되 경박하지 않는 언어의 기술, 싸우지 않고 이기는 대화의 예술을 익혀 가정과 직장, 그리고 사회에서 엣지있게 승리할 수 있는 마법의 언어를 배우게 될 것이다. 거울은 먼저 웃지 않는다. 내가 웃어야 비로소 웃는 얼굴이 된다.
상대를 상처주지 않고 배려하면서 말하는 언어의 기술을 잘 활용함으로써 소통의 달인이 될 수 있을 것이다.

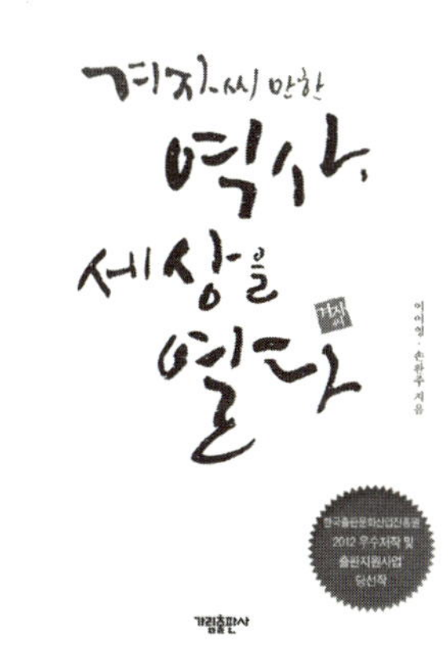

겨자씨만한 역사, 세상을 열다

이이영 · 손완주 지음 / 신국판 / 304쪽 / 12,000원

쉽고 재미있게 읽혀지는 역사 - 작은 문으로 들어가 역사를 만나다
사물은 세상이라는 거대한 구조물 속에서는 겨자씨만큼이나 작고 작은 존재다. 그러나 사물만큼 사람 사는 세상과 밀접하게 연관되어 생성되고 스러지는 것 또한 없다. 사물의 생성과 변화를 따라가다 보면 당시의 환경과 문화, 사고가 톱니바퀴처럼 맞물려 돌아가는 걸 알 수 있다.
이처럼 일상에서 흔히 접할 수 있었던 사물을 통해 뜻밖의 역사를 만나고 작지만 깊은 역사의 내면을 통해 지식의 즐거움을 느낌으로서 역사와 인문 분야의 출발선에 서 있는 분들에게 앎과 읽음의 재미를 느끼게 해줄 것이다.

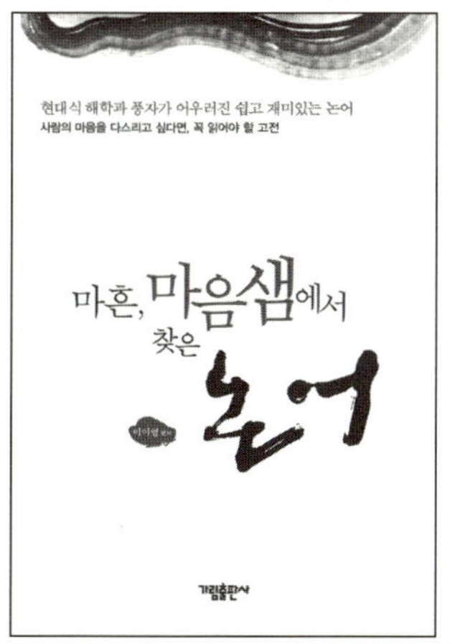

마흔, 마음샘에서 찾은 논어

이이영 편저 / 신국판 / 294쪽 / 12,000원

현대식 해학과 풍자가 어우러진 쉽고 재미있는 논어
지금까지 출간된 논어에서 볼 수 없었던 쉽고 간결한 문체와 현대식 해설이 가미된 이 책은 누구나 쉽고 재미있게 논어를 읽고 해석할 수 있게 해준다. 아울러 인류의 가장 큰 스승인 공자의 가르침을 통해 공자식 맞춤교육, 말과 행동을 똑같이 실천하신 공자의 삶, 공자의 따뜻한 인류애, 인을 실천하기 위해 노력하신 인간 공자의 눈물나는 노력을 이해할 수 있게 될 것이다.
복잡하고 힘든 상황에서도 사람의 마음을 다스릴 수 있는 논어를 통해 많은 지혜와 배움의 진리를 터득하여 실생활에 유용하게 활용할 수 있게 되기를 바란다.

통하는 화술

민영욱 · 조영관 · 손이수 지음 / 신국판 / 260쪽 / 12,000원

**방송인 이수근이 추천하는 소통의 기술
……유머 화술의 원리로 사람의 마음을 움직여라**

이 책은 품격 있는 유머와 연설 교과서라고 할 수 있다. 유머의 심리학적 고찰과 고대 그리스 시대로부터 프랑스, 영국, 미국에 이르는 방대한 유머와 유머의 역사를 담고 있다. 또한 도산 안창호, 링컨, 처칠, 스티브 잡스 등 역사와 시대를 움직인 거인들의 위트와 명 스피치가 담겨 있다. 아름다운 소통을 넘어 배려와 공감, 그리고 감동의 유머 스피치를 구사하는 다양한 기술에 대해 품격 있는 노하우를 전수받을 수 있을 것이다.

실천하라 정주영처럼

이채윤 지음 / 신국판 / 300쪽 / 12,000원

성공한 사업가에서 위대한 사업가로 남은 정주영에게 배우는 삶의 실천력

'하면 된다'는 불굴의 도전정신과 절대 포기하지 않는 실천력으로 '도전과 응전'의 역사를 실천한 정주영에게 현대그룹을 창업하여 한국을 대표하는 대그룹으로 일으켜 세운 개척자적인 사업가의 기질을 배울 수 있다. 아울러 인간 정주영에게서 직원을 믿고 사랑함으로써 기업의 애사심을 북돋워주는 감성 경영의 리더십을 배운다.

셀프 리더십의 긍정적 힘

배은경 지음 / 신국판 / 178쪽 / 12,000원

서른 살이 되기 전에 행복한 성공을 원한다면 이 책을 읽어라

셀프 리더십 코칭이란 비전을 가지고 자신을 설득, 변화하여 기대하는 삶을 사는 것이다. 비전을 가지고 비전을 달성할 수 있다는 믿음을 바탕으로 매일 행동을 지속적으로 한다면 그 비전은 반드시 달성된다.
이 책을 통해 독자들도 꿈을 달성할 수 있다는 확신과 자신감을 가지고 지속적으로 노력한다면, 반드시 행복한 성공을 일찍 달성할 수 있을 것이다.

한국을 일으킬 비전 리더십

안의정 지음 / 신국판 / 340쪽 / 14,000원

박정희처럼 행동하고, 이병철처럼 생각하고, 정주영처럼 도전하라! 미래형 인재가 되기 위해 알아둬야 할 핵심적인 정보를 소개하는 리더십 지침서 『한국을 일으킬 비전 리더십』. 우리나라의 발전을 이끈 핵심적인 인물 3인의 리더십을 분석하여 지속 가능한 미래로 성장하기 위해 리더들이 갖춰야 할 자질과 역할에 대해 살펴본다. 박정희 대통령, 현대그룹 정주영 회장, 삼성그룹의 이병철 회장이 우리나라를 이끈 원동력이 무엇인지 살펴보고, 주요 리더의 자질과 역할을 통해 국민 전체가 나아가야 할 방향을 제시하고 있다. 크게 3부로 구성되어 있으며, 비전 리더십의 정의를 시작으로, 창의적 리더십, 성공적인 미래를 위한 리더십 등을 살펴보고 있다.

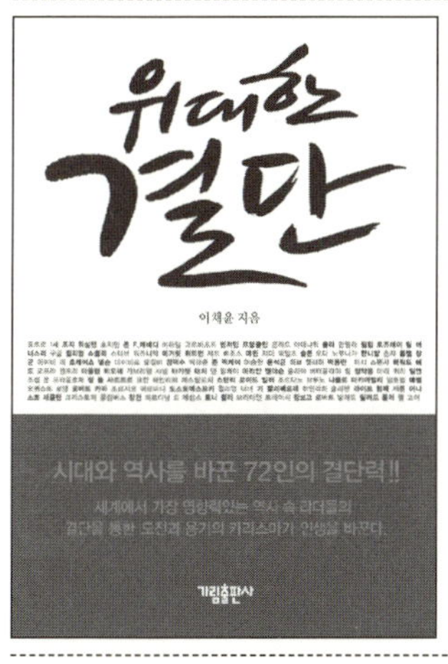

위대한 결단

이채윤 지음 / 신국판 / 316쪽 / 15,000원

세계에서 가장 영향력있는 역사 속 리더들의 결단을 통한 도전과 용기의 카리스마

어떤 한 순간의 결단이 그를 위대하게 만들기도 하고 실패의 구렁텅이로 떨어뜨려버리기도 한다. 성공한 사람들 중에는 한 번도 실패를 해본 경험이 없는 사람도 있겠지만 그것은 진정한 성공이 아니다. 패배의 쓴잔을 마시고 좌절과 방황 끝에 그것을 딛고 일어서는 사람이 진정 성공한 사람이 아닐까 생각한다.

아무 것도 버리지 못하는 사람은 아무 것도 이루지 못한다. 이 세상에는 무소유의 삶을 살면서 세상에 많은 것을 돌려주는 사람들이 있다. 위대한 결단을 내리는 사람은 조금은 남달라야 하는 법이다.

여러분의 인생을 바꾸게 될, 인류사에 빛날, 위대한 결단을 내릴 수 있는 날이 다가올 때 이 책 속에 나오는 역사 속 인물들의 삶을 통해 현명하고 지혜로운 선택을 할 수 있게 될 것이다.

여자 30대, 내 생애 최고의 인생을 만들어라

정영순 지음 / 신국판 / 256쪽 / 11,500원

살림과 육아, 맞벌이를 하면서도 꿈을 간직하고 꿈을 이룩한
결코 특별하지 않은 이 시대 여성의 진솔한 메시지
- 세상과 소통하고 꿈을 이룩하라

꿈이 있는 한 30대 여자라고 해서, 주부라고 해서 포기해서는 안 된다. 자신보다 좀 더 현명하고 슬기롭게 미래를 향해 꿈을 발견하고 이루어 나가면서 여러 가지 상황에 대처해가는 방법을 알려 주는 30대 여성을 향한 가슴 뭉클한 이야기가 담겨 있다. 이 책은 우리 주변에 있는 30대 여성들의 일상을 진솔하게 담아 내면서도 그 가운데서 꾸준히 자신을 계발하여 성공하는 여성이 되기 위한 저자 나름대로의 노하우를 자신의 삶의 과정을 통해서 제시하고 있다.

더⁺ 시너지
THE SYNERGY

2014년 1월 30일 제1판 1쇄 발행

지은이 / 유길문
펴낸이 / 강선희
펴낸곳 / 가림출판사

등록 / 1992. 10. 6. 제 4-191호
주소 / 서울시 광진구 능동로 334 (중곡동) 경남빌딩 5층
대표전화 / 02)458-6451 팩스 / 02)458-6450
홈페이지 / www.galim.co.kr
전자우편 / galim@galim.co.kr

값 14,000원

ⓒ 유길문, 2013

저자와의 협의하에 인지를 생략합니다.

불법복사는 지적재산을 훔치는 범죄행위입니다.
저작권법 제97조의5(권리의 침해죄)에 따라 위반자는 5년 이하의 징역
또는 5천만원 이하의 벌금에 처하거나 이를 병과할 수 있습니다.

ISBN 978-89-7895-380 1 13320

가림출판사 · 가림 M&B · 가림 Let's의 홈페이지(http://www.galim.co.kr)에 들어
오시면 가림출판사 · 가림 M&B · 가림 Let's의 신간도서 및 출간 예정 도서를 포
함한 모든 책들을 만나실 수 있습니다.
온라인 서점들의 사이트에 링크하시어 종합 신간 안내 및 각종 도서 정보, 책과
관련된 문화 정보를 받아보실 수 있습니다.
또한 홈페이지 방문시 회원으로 가입하시면 신간 안내 자료를 보내드립니다.